SUPERVISER
DANS LE FEU DE L'ACTION

Les Éditions Transcontinental
1100, boul. René-Lévesque Ouest
24ᵉ étage
Montréal (Québec)
H3B 4X9
Tél. : (514) 392-9000
     1 800 361-5479
www.livres.transcontinental.ca

Les Éditions de la Fondation de l'entrepreneurship
160, 76ᵉ Rue Est
Bureau 250
Charlesbourg (Québec)
G1H 7H6
Tél. : (418) 646-1994
     1 800 661-2160
www.entrepreneurship.qc.ca

La collection *Entreprendre* est une initiative conjointe de la Fondation de l'entrepreneurship et des Éditions Transcontinental inc. afin de répondre aux besoins des futurs et des nouveaux entrepreneurs.

Distribution au Canada
Québec-Livres, 2185, Autoroute des Laurentides, Laval (Québec) H7S 1Z6
Tél. : (450) 687-1210 ou, sans frais, 1 800 251-1210

Distribution en France
Géodif   Groupement Eyrolles – Organisation de diffusion
61, boul. Saint-Germain 75005 Paris FRANCE - Tél. : (01) 44.41.41.81

Distribution en Suisse
Servidis S. A. – Diffusion et distribution
Chemin des Chalets CH 1279 Chavannes de Bogis SUISSE - Tél. : (41) 22.960.95.10
www.servidis.ch

Données de catalogage avant publication (Canada)
Chiasson, Marc, 1949-
        Superviser dans le feu de l'action
        (Collection Entreprendre)
        Publ. en collaboration avec Fondation de l'entrepreneurship.

ISBN 2-89472-145-5 (Transcontinental)
ISBN 2-89521-025-X (Fondation de l'entrepreneurship)

1. Personnel - Supervision. 2. Gestion par interaction. 3. Communication dans les organisations. 4. Écoute (Psychologie). 5. Relations humaines. I. Frève, Lise, 1950-   .
II. Fondation de l'entrepreneurship. II. Titre. III. Collection : Entreprendre (Montréal, Québec).

HF5549.12.C44 2001   658.3'02   C2001-940504-9

Révision et correction :
Louise Dufour, Liliane Michaud,
Catherine Calabretta

**Mise en pages et conception
graphique de la couverture :**
Studio Andrée Robillard

© Les Éditions Transcontinental inc., 2001
Dépôt légal – 2ᵉ trimestre 2001
2ᵉ impression, octobre 2001
Bibliothèque nationale du Québec
Bibliothèque nationale du Canada

ISBN 2-89472-145-5 (Les Éditions)
ISBN 2-89521-025-X (La Fondation)

Nous reconnaissons, pour nos activités d'édition, l'aide financière du gouvernement du Canada, par l'entremise du Programme d'aide au développement de l'industrie de l'édition (PADIÉ), ainsi que celle du gouvernement du Québec (SODEC), par l'entremise du Programme d'aide aux entreprises du livre et de l'édition spécialisée.

MARC CHIASSON ET LISE FRÈVE

SUPERVISER
DANS LE FEU DE L'ACTION

19 façons de communiquer
efficacement *du premier coup*
avec vos coéquipiers

Les Éditions
TRANSCONTINENTAL inc.

LES ÉDITIONS DE LA FONDATION DE
l'entrepreneurship

FONDATION DE l'entrepreneurship

La Fondation de l'entrepreneurship œuvre au développement économique et social en préconisant la multiplication d'entreprises capables de créer de l'emploi et de favoriser la richesse collective.

Elle cherche à dépister les personnes douées pour entreprendre et encourage les entrepreneurs à progresser en facilitant leur formation par la production d'ouvrages, la tenue de colloques ou de concours.

Son action s'étend à toutes les sphères de la société de façon à promouvoir un environnement favorable à la création et à l'expansion des entreprises.

La Fondation peut s'acquitter de sa mission grâce à l'expertise et au soutien financier de plusieurs organismes. Elle rend un hommage particulier à ses **partenaires** :

 CDP

Caisse de dépôt et placement du Québec

ses **associés gouvernementaux** :

et remercie ses **gouverneurs** :

 Raymond Chabot Grant Thornton

Remerciements

Ce livre est dédié à **Guy Champoux**, fin observateur à l'origine de plusieurs de nos meilleures stratégies et tactiques ; à **Marina Chiasson** qui s'est occupée des autres et qui, maintenant, s'occupe d'elle-même ; à **Lise Compagna** pour ses suggestions franches; aux **centaines de superviseurs** qui nous ont prêté leur jugement et leur intuition. Nous saluons aussi **Jean Dubois** pour sa capacité de mettre les choses en perspective, **Dominique Landry** pour son amitié entière et constante ; **Jordane Lavoie** qui a bâti équipe à la maison ; **Jean Landry**, un formateur de talent et **Mercedes Orellana**, dont nous respectons la détermination et la finesse.

Nous soulignons également notre reconnaissance à des collaborateurs et des clients ambitieux. **Leliann Beaudoin** (Centre de formation Champlain, Programme Supervision), qui nous fait travailler avec nombre de superviseurs. **Monique Larocque** (Domtar) qui excelle dans l'encadrement des têtes fortes que nous sommes. **Gilles Pensera** (Industries manufacturières Mégantic) qui sait quand oublier la hiérarchie. **Francine Borne** (Ministère de l'Industrie et du Commerce du Québec) qui nous a aidés à percevoir les gestionnaires du point de vue des employés. **Pierre Collerette**, pour ses idées pratiques. **Pauline Bernatchez, Bernard Lanctôt** et **Roger Tardif** (Ministère des Ressources naturelles du Québec) pour leur travail d'équipe à grande échelle. **René Gendron** (Maison régionale de l'industrie) pour son talent à travailler avec des équipes de gestionnaires. **Reynald Castonguay** (Groupe Teknika), ingénieur et diplomate. **Renelle Anctil, Julie Tougas** et **l'équipe RO-NA**, avec laquelle nous avons inventé nos « outils ». **Jacques Chevarie** (Madelimer) et **Robert Saint-Onge** (Club Vacances des Îles-de-la-madeleine), dont nous admirons le travail en développement durable. **Normand Boisvert** (Dana Corporation), qui nous a montré à intervenir avec (et non au-dessus) des équipiers. **Diane Lacroix** (UPA) pour qui le travail d'équipe est une passion. **Jean-Pierre Bégin** (Centre d'entreprises de l'Université de Sherbrooke) et **François Jean** (Institut universitaire de gériatrie de Sherbrooke) pour qui la supervision implique l'autonomie. **Serge Belisle** (Collège de Sherbrooke) et **Andrée Déry** (Waterville TG), grâce à qui nous avons percé dans le métier. **Daniel Lavoie**, Directeur général APCHQ-Estrie, pour son grand calme.

Enfin, nous soulignons le leadership d'un jeune Inuit dans un groupe à Kuujjuaq qui, un jour, s'est levé avec calme, s'est avancé vers nous avec confiance et a dit avec conviction :

(« Nous sommes intelligents », en langue inuite.)

Marc Chiasson et Lise Frève

Table des matières

INTERVENIR RAPIDEMENT... QUAND ÇA SE CORSE

10 bonnes raisons de lire cet ouvrage

Rédigé à l'intention des superviseurs de premier niveau et des chefs d'équipe, ce livre se distingue par 10 aspects avantageux.

- Chaque chapitre correspond à des situations ou à des comportements particuliers auxquels font face presque tous les jours les superviseurs, les contremaîtres, les chefs d'équipe, les chefs de service et les chefs de rayon, autrement dit toute personne qui doit superviser un groupe d'employés.

- Le texte peut être parcouru dans l'ordre choisi par le lecteur et non dans l'ordre établi par les auteurs. Le lecteur peut aller consulter directement la section qui l'intéresse, puis refermer le livre et le reprendre plus tard.

- Une seule phrase suffit souvent à neutraliser un comportement inacceptable, à régler un problème de communication, à transmettre une directive, etc.

- La communication est présentée comme un processus relativement simple et non comme une relation psychologique complexe.

- Des comparaisons imagées entre chaque aspect de la stratégie de communication et un outil de bricoleur ou d'ouvrier sont présentées au début de chaque chapitre.

- Des centaines d'idées et de moyens pratiques vous aideront à trouver des tactiques qui vous permettront de mieux communiquer dans le feu de l'action, surtout dans les situations délicates.

- Les chapitres sont brefs, comportant une douzaine de pages en moyenne.

- Les auteurs utilisent un langage simple et imagé et ils vous parlent dans le style franc et direct, teinté d'un humour drôlement sérieux, qui caractérise les gens du métier.

- Des milliers d'équipiers et de chefs d'équipe appartenant à des entreprises grandes ou moyennes ont suivi les ateliers et les cours donnés par les auteurs de ce livre.

- Des dizaines de chefs d'équipe ont aidé les auteurs à perfectionner cet ouvrage.

L'idée centrale de ce livre

La qualité première des superviseurs et des chefs d'équipe est, et sera toujours, leur capacité de juger ; cette faculté leur permet d'exercer un leadership actif, innovateur et efficace.

Quelques notions importantes

Les chefs d'équipe communiquent avec leurs coéquipiers **dans le feu de l'action** et ils le font **en respectant les contraintes de la production.**

Tout employé est soumis à certaines formes de pression ou de stress. Les cadres supérieurs subissent habituellement des pressions liées aux exigences à long terme de l'entreprise : orientation et objectifs de développement, planification stratégique, politiques générales, etc. Les gestionnaires, eux, ressentent des formes de stress liées au moyen terme : organisation, mise en œuvre des processus, planification de leur secteur d'activité, etc. Quant aux superviseurs de premier niveau et aux chefs d'équipe, les pressions qui les affectent sont presque toujours liées aux problèmes ou aux défis quotidiens, ou encore à des contraintes qui s'imposent parfois de manière inattendue. Ce type de pressions n'est pas « meilleur » ou « pire » que les autres, mais il est propre à la fonction de superviseur de premier niveau et de chef d'équipe. Trop de spécialistes oublient cet aspect quand ils proposent aux superviseurs et aux chefs d'équipe des moyens de communiquer plus efficaces. Certaines méthodes de communication de type « psychologique » fonctionnent très bien à condition d'avoir suffisamment de temps devant soi. Les superviseurs ont en général peu de temps à leur disposition pour peser et analyser une situation, ils doivent agir et réagir vite, car la production repose sur leurs épaules et sur celles de leurs coéquipiers. De plus, l'approche « psychologique » tient bien peu compte de la place qu'on occupe dans la hiérarchie. Les superviseurs se trouvent en situation d'autorité, ce qui leur donne le « droit » de décider et de s'attendre à ce qu'on leur obéisse.

Les superviseurs et les chefs d'équipe oublient parfois que leurs paroles sont perçues et interprétées de manière amplifiée par les coéquipiers et que leur comportement devient l'étalon non officiel des relations de travail dans l'équipe.

Les superviseurs reçoivent de leurs supérieurs une foule d'informations. Certaines ne concernent qu'eux, d'autres doivent être discutées avec les équipiers et d'autres encore doivent simplement leur être transmises. Vous entrevoyez certainement le grand panier que les superviseurs ont dans la tête... et vous imaginez peut-être le triage qu'ils doivent constamment faire dans ce panier.

Les superviseurs communiquent dans le mouvement du travail, sous la pression des normes et des dates de livraison. La majorité d'entre eux communiquent rapidement, mais en négligeant quelquefois certaines réalités :

- Ils oublient parfois qu'ils possèdent plus d'informations que leurs équipiers sur un sujet donné. Cela les amène à donner des directives trop longues ou trop brèves en supposant que les équipiers comprendront de toute façon.

- Ils oublient de temps en temps qu'ils sont des leaders naturels, alors que la plupart des employés ne le sont pas (les équipiers ont d'autres qualités tout aussi importantes, mais différentes).

- Ils oublient à l'occasion que leurs ambitions diffèrent de celles de bien des coéquipiers. Cela peut les amener inconsciemment à devenir ou trop exigeants ou trop peu sensibles aux réactions des gens qui n'ont pas les mêmes ambitions qu'eux.

- Ils oublient parfois qu'ils sont en situation d'autorité et que leur fonction implique un degré de responsabilité plus grand. Cela les pousse parfois à se prendre pour des amis ou des psychologues, rôles que les coéquipiers ne veulent pas les voir jouer.

- Ils oublient quelquefois que devant leurs deux yeux et autour de leurs deux oreilles se trouvent parfois plusieurs douzaines de paires d'yeux et d'oreilles.

Y aurait-il donc trop d'oublis ? Pas du tout, cette énumération met plutôt en évidence le fait que tout superviseur digne de ce nom doit accepter un grand nombre de responsabilités. Un oubli ne constitue pas un échec, mais il lui rappelle qu'il est toujours bon de réfléchir avant de prendre une décision, avant d'exprimer son opinion, avant de donner une directive... et avant d'écouter ce qu'on lui dit.

La structure de ce livre

Les auteurs travaillent, depuis près de quinze ans, auprès de centaines de superviseurs de premier niveau. Un grand nombre d'entre eux ont encouragé les auteurs à mettre sur pied une approche qui fait une place plus large à la capacité de juger et de raisonner des superviseurs. Cette façon d'aborder les choses leur semble à certains égards « plus proche du plancher » et plus adaptée à des situations où le superviseur doit communiquer sur le vif, correctement et sans ralentir le travail.

Nous avons consacré des milliers d'heures à la formation et nous avons ainsi pu formuler une approche qui tient compte des grandes théories modernes de la communication. Les psychologues et intervenants en communication reconnaîtront dans ce livre l'influence des théories « cognitives » et « behaviorales ». Les formateurs d'expérience y retrouveront plusieurs éléments qui relèvent de l'approche du « transfert de compétences ». Les chefs d'équipe constateront que ce livre fait appel à leur jugement, à leur capacité de surmonter les préjugés et de tenir compte du contexte, de même qu'à leur capacité de communiquer de manière responsable et « responsabilisante ».

Trois aspects particuliers de cet ouvrage

1. La communication y est présentée comme un ensemble de procédés adaptés à des situations particulières.

2. La communication rapide peut être très efficace, surtout quand le superviseur doit intervenir dans le feu de l'action.

3. Chaque technique de communication est exposée à partir d'une comparaison imagée avec un outil de bricolage ou de construction, ce qui permet aux lecteurs de bien saisir la « mécanique » ou le « procédé » qui sont en jeu. On suggère ainsi qu'un superviseur habile doit toujours avoir à portée de la main de bons « outils de travail » en matière de communication.

Chaque chapitre présente une technique particulière, en deux temps, trois mouvements. Voici un survol de cette façon de faire ou de communiquer lorsque chaque seconde compte.

Clarifier ses perceptions et ses penchants

Avant d'intervenir auprès de vos coéquipiers, vous avez toujours avantage à discerner plus clairement et plus honnêtement vos penchants... qui sont parfois des préjugés. S'engager dans cette démarche s'appelle se livrer à l'introspection. Littéralement, cela signifie « regarder en soi-même ». Les vétérans comme les jeunes futés vous diront que la personne la plus facile à tromper, c'est soi-même... parce que nous avons tendance à prendre nos idées préconçues pour l'expression de la vérité, nos penchants pour des idées, et nos sentiments pour des raisonnements. Certains comportements inacceptables constituent peut-être des réactions à *vos* comportements inacceptables. Par exemple, si un coéquipier conteste devant les autres une de vos directives, ne serait-ce pas trop souvent parce que vous refusez de l'écouter en privé ? Avant de juger les autres, il faut apprendre à se juger soi-même, ce qui oblige à remettre en question la plupart de ses réactions de jeunesse. Qui dit superviseur dit « chargé de responsabilités supérieures » : le sens se trouve dans le mot lui-même.

Considérer la situation

Dans chacun des chapitres, la deuxième étape invite le lecteur à prendre en considération le contexte de la communication, les conditions dans lesquelles elle se déroule et les conséquences qui en découlent. Vaste programme, convenons-en ! Les superviseurs d'expérience vous diront que cela vient avec le temps... quand on y applique son intelligence et sa volonté. La communication ne se produit pas dans l'abstrait, mais dans un lieu bien concret, marqué par des contraintes et des limites de toutes sortes. Une coéquipière qui a le sentiment qu'on l'écoute aura tendance à être plus franche et plus souple, un coéquipier qui se croit blâmé à tort adoptera des comportements hypocrites, par exemple en affichant des qualités qu'il ne possède pas ou en faisant semblant d'obéir...

Les forces en jeu peuvent être techniques, technologiques, sécuritaires, financières, opérationnelles, que sais-je encore ?

Tout superviseur doit savoir que l'amitié a certaines limites (l'ami oublie parfois d'apprécier comme il se doit ce que vous faites), mais que l'hostilité, elle, ne semble pas en avoir (l'ennemi n'oublie jamais de vous détester, il s'efforcera toujours d'inventer de nouvelles façons de vous nuire). Tout superviseur doit savoir également que les paroles ressemblent à des coups de cloche : comme on ne peut pas empêcher un son de cloche de résonner, on ne peut faire disparaître un mot « de trop », une expression « de trop ».

Si vous aimez la science-fiction, il devient plus facile de réfléchir aux implications et aux conséquences d'une communication ; il suffit de vous représenter ce qui va se produire quand vous aurez parlé, d'imaginer les actions qui seront mises en branle par votre intervention, de même que les dangers qui pourraient surgir dans la nouvelle conjoncture que vous aurez créée. Vous pouvez ainsi vous « téléporter » dans la tête des personnes concernées et prévoir (ou pressentir) leurs réactions.

Communiquer vite et bien

Chacun des chapitres se termine par une série de suggestions pratiques et d'exemples concrets. Ces tactiques, trucs et astuces obéissent tous à la même préoccupation : comment peut-on être soi-même responsable et amener les autres à le devenir (ou à le rester) ? Cette règle d'or s'accompagne d'un certain nombre de principes essentiels si on veut communiquer efficacement en milieu de travail.

- Le respect : on doit conserver en tout temps une attitude et un vocabulaire polis. Plutôt que de dépasser les bornes, mieux vaut garder le silence pendant quelques minutes et reprendre l'entretien plus tard.

- La créativité : il faut pouvoir remettre en question sa façon de percevoir les choses et les gens, savoir recourir à de nouvelles manières de faire, savoir considérer un échec (susceptible d'être expliqué) comme une étape et non comme une fin.

- La curiosité : il est indispensable d'écouter attentivement les gens qui vous parlent et à qui vous parlez. Toute personne a son caractère bien à elle... et aussi ses mots préférés. On a avantage à se souvenir qu'un même mot peut avoir des sens différents selon les gens à qui l'on s'adresse... surtout quand l'équipe comprend des personnes de communautés culturelles différentes. À titre d'exemple, les francophones demanderont à un superviseur de participer à une rencontre en tant qu'« animateur », alors que les anglophones lui proposeront plutôt d'agir en tant que « modérateur ». Pensez-y, l'un aide les participants à être plus dynamiques, l'autre les incite à être plus calmes !

- La tolérance : il faut comprendre que les êtres humains sont imparfaits et qu'une foule de motifs peuvent affecter leurs états d'âme, leur motivation et leur énergie. C'est pourquoi le même travail peut être réalisé de manière légèrement différente par des travailleurs différents. Un coéquipier peut satisfaire aux normes de production, de conformité et de sécurité tout en effectuant certaines tâches à *sa* manière. Un chef avisé examinera ces variantes, non pas nécessairement pour les éliminer, mais peut-être pour les adopter, ou les modifier, dans l'intérêt de l'équipe et de toute l'entreprise.

- L'empathie : on peut percevoir clairement les sentiments et les valeurs d'une personne sans pour autant en être affecté soi-même de manière trop intime. Un superviseur doit comprendre la peine d'un équipier dont l'enfant est gravement malade (et en tenir compte dans sa manière d'agir avec ce coéquipier) sans toutefois ressentir la même tristesse que s'il s'agissait de sa propre fille. Éprouver la même émotion que l'autre est une forme de « compétition émotionnelle » inacceptable. Cependant, accueillir et « accompagner » l'émotion de l'autre est une forme de « soutien moral » très utile et très appréciée.

- La rigueur et le sens de la continuité : il s'agit d'adopter un comportement stable et responsable à l'égard de tous ceux qui travaillent dans l'entreprise, et cela dans une multitude de situations. Un superviseur qui a de la rigueur consentira parfois à faire des exceptions (quand on peut en donner une explication logique), mais il refusera d'accorder des passe-droits (qui ne peuvent être expliqués autrement que par la nécessité, un peu suspecte, d'avoir à « rendre » des services personnels). Il sait être ferme sans être rigide, il peut être souple sans paraître mou. Il ne déteste pas que la plupart de ses propos et comportements soient... prévisibles. C'est de cette façon, en les amenant à les entrevoir à l'avance, qu'il aide ses équipiers à comprendre le sens de ses interventions.

Comment se servir de ce livre

Ce livre n'est ni un roman policier ni un ouvrage théorique. C'est un document de travail qui fournit une série de suggestions liées à des situations précises. Vous pourrez le consulter de temps en temps ou fréquemment, selon les défis ou les difficultés que vous aurez à affronter. Gardez-le à portée de la main. Écrivez des notes personnelles dans ses marges. Collez des papillons sur les pages qui vous semblent importantes. Repliez les coins de pages pour marquer les sections utiles. Bref, évitez de considérer ce bouquin comme un « livre », mais voyez-le plutôt comme un « coffre à outils ». C'est pour renforcer cette idée que les auteurs ont inventé toute une série de comparaisons entre les tactiques de communication et les outils de travail.

1. Choisir dans la table des matières une situation qui vous intéresse

Gageons que vous choisirez des sujets à l'égard desquels vous vous sentez plus à l'aise afin de comparer votre stratégie à celle que suggèrent les auteurs.

2. Se remémorer l'un de ses échecs et l'une de ses réussites en rapport avec ce sujet

Examiner une stratégie en pensant seulement aux échecs encourus provoque habituellement un sentiment d'impuissance. Comment dans ce cas se sentir motivé d'adopter les solutions simples et efficaces qu'on vient de découvrir ? Et comment comprendre l'intérêt qu'il y a à adopter une nouvelle façon d'agir si on la compare sans cesse à ses propres réussites ? L'astuce consiste à déjouer vos manières habituelles de voir les choses et à inscrire les stratégies de ce livre quelque part entre les doutes et la confiance en soi.

3. Lire chacun des chapitres deux fois de suite

Faites une première lecture « attentive » pour vous donner une vue d'ensemble de la stratégie proposée. Faites ensuite une deuxième lecture, partielle celle-là, pour revoir certaines parties du chapitre : un exemple, une liste, un exercice. Compte tenu du fait que la grande majorité des chapitres comprennent de 5 à 10 pages environ, il ne vous faudra que quelques minutes pour lire un chapitre. Cette manière de procéder est très féconde, surtout si on garde en tête à quelle logique elle obéit : la première lecture transmet les informations, la deuxième permet d'ancrer certaines idées dans la tête. La première lecture concerne le cerveau, la seconde concerne les attitudes, les valeurs et le comportement.

4. Apporter sa touche personnelle et appliquer à son gré les suggestions

Par définition, une stratégie représente quelque chose de souple et de flexible, contrairement aux directives qui, heureusement, sont en général plus fermes, plus rigides. Si vous tentez d'appliquer telles quelles les suggestions présentées dans ce livre, vous paraîtrez malhabile, vous manquerez de naturel. Vous ressemblerez à un danseur plus occupé à compter ses pas qu'à jouir du plaisir qu'il éprouve à danser avec sa partenaire ! Prenez un jour ou deux pour réfléchir aux modifications que vous pourriez apporter à ce que les auteurs vous proposent, pour imaginer des variantes. Bref, arrangez-vous pour que toute nouvelle stratégie de communication soit adaptée à votre personnalité et à votre style de communication. Après tout, vous êtes chef d'équipe, pas acteur !

Conserver son calme... ou le retrouver !

*Ils font exprès de vous faire enrager,
et le pire, c'est que ça marche !*

*Comment demeurer calme face à des gens
qui s'amusent à jouer au plus fin avec vous ?*

*Je peux conserver mon calme en repérant
à temps mes premiers signes d'impatience.*

Des vibrations légères, mais incessantes, peuvent dévisser le boulon le plus serré. Un menuisier habile utilisera donc des rondelles de caoutchouc (*washers*) pour maintenir les objets en place et il en va de même au travail, dans les relations entre superviseurs et coéquipiers. Il serait sage d'appliquer un

« tampon stabilisateur » entre vous et les « mauvaises vibrations » que provoquent dans l'entreprise certaines catégories d'événements et de personnes.

Bien des superviseurs se laissent aller à l'un ou l'autre des deux penchants dangereux suivants : soit tenter de se défouler « un peu, de temps en temps », soit faire semblant de conserver son calme. Ces deux tactiques sont vouées à l'échec, car dans les deux cas on oublie l'essentiel : tout être humain éprouve des sentiments, il est susceptible de se laisser « dévisser » quand ça « vibre » trop longtemps.

Regardons les choses simplement et directement. Les superviseurs d'expérience vous diront qu'il y a trois principes de base en matière de maîtrise de soi :

1. Nous avons tous de la difficulté à rester calmes dans certaines circonstances et devant certains comportements.

2. Nous percevons presque tous assez clairement les petits signes qui nous avertissent qu'un de nos « boulons émotionnels » est en train de se défaire.

3. Pour la plupart, nous arrivons à stabiliser nos « boulons émotionnels », même quand les vibrations sont incessantes.

Le meilleur truc pour conserver son sang-froid est de savoir reconnaître les premiers signes d'impatience.

Clarifier les signes annonciateurs

Les tableaux suivants dressent une liste de nos réactions les plus courantes quand une personne tente de nous faire sortir de nos gonds.

Les signes physiques

Est-ce que je ressens ces signes avant-coureurs ?	Toujours	Souvent	Rarement
Muscles de la mâchoire plus serrés			
Petits coups de tête donnés sans raison apparente			
Bourdonnement dans les oreilles			
Sensation de pression sur le front			
Muscles de l'abdomen de plus en plus contractés			
Tendance à crisper les doigts des deux mains			
Pression très forte appliquée sur le « point final » d'une note de service			
Resserrement des joues dévoilant légèrement les dents			
Autres			

Si vous avez répondu « rarement » à quatre de ces symptômes, c'est que vous ne vous connaissez pas aussi bien que vous le croyez. Vous ne pensiez pas réagir aussi fortement, mais vos équipiers, eux, connaissent bien vos « tics », et cela depuis un bon bout de temps !

Les signes psychologiques

Est-ce que je ressens ces signes avant-coureurs ?	Toujours	Souvent	Rarement
Petits oublis inhabituels			
Brefs défoulements « en privé » (laisser tomber des objets avec fracas, rouler en boule des feuilles de papier, etc.)			
Éprouver de la rancune en réaction à une réplique anodine			

Trouver les blagues moins amusantes que dans le passé	
Parsemer les répliques de mots « superflus » (p. ex. : « Je suis content que tu aies *enfin* compris ! »)	
Mettre fin à un entretien abruptement et sans fournir d'explication	
Avoir l'impression qu'on interprète trop ce que vous dites	
Autres	

Si vous avez coché « souvent » à au moins quatre des phrases ci-dessus, vous avez une bonne perception de vos réactions à l'égard du stress et des frustrations quotidiennes. Vous n'aurez pas de mal à saisir l'intérêt des méthodes qui permettent de garder son sang-froid.

Les signes intellectuels

Est-ce que je ressens ces signes avant-coureurs ?	Toujours	Souvent	Rarement
Petites distractions inhabituelles			
Difficulté à se concentrer sur des choses simples			
Propension à se battre avec acharnement pour des questions de détail			
Tendance à blâmer les équipiers (« Ils font exprès de ne pas comprendre. »)			
Douter d'une décision qu'on vient pourtant de prendre avec assurance			
Écrire des notes de service trop longues			
Hésiter à répondre, même quand on connaît la réponse			
Revenir à plusieurs reprises sur des problèmes déjà résolus			
Autres			

Si vous avez répondu « souvent » à trois de ces questions, vous êtes une personne franche et honnête, et vous avez probablement l'étoffe d'un excellent superviseur. Pourquoi ? Parce que vous analysez très bien votre état d'esprit. En d'autres mots, vous savez reconnaître à certains signes que votre « boulon mental » commence à se dévisser... alors qu'il est encore temps de le resserrer.

Considérer les risques d'une perte de contrôle, même temporaire

Selon certains superviseurs novices, il serait normal de se défouler « juste un peu », plutôt que d'essayer de maîtriser son stress. Ils sont d'avis qu'on ne peut refouler indéfiniment un stress en train de se développer. Avant de vous déclarer d'accord avec ce point de vue, imaginez la réaction d'un conjoint à qui son épouse dirait : « Chéri, c'est pour éviter de te quitter définitivement que je me permets de te tromper de temps en temps. » Voudriez-vous entretenir une relation avec cette dame ? Alors, il faut comprendre que vos équipiers n'accepteront pas que vous vous défouliez « juste un peu, de temps en temps ». Voici quelques-unes des réactions qu'ils pourraient avoir à l'égard d'un superviseur qui laisserait son « boulon émotionnel » se desserrer.

- Ils auront de la réticence à vous transmettre des informations utiles, de crainte que vous ne vous mettiez sur la défensive.

- Ils auront de moins en moins confiance en vous. En effet, comment faire confiance à quelqu'un qui risque d'avoir des réactions disproportionnées ?

- Ils seront tentés de s'amuser en vous taquinant « là où le bât blesse ». C'est un passe-temps douteux... mais très populaire.

- Ils se porteront instinctivement à la défense de ceux et celles qui vous auront fait perdre votre calme (pour se protéger eux-mêmes des dangers éventuels).

- Ils ouvriront bientôt des paris concernant la meilleure manière de vous faire perdre votre sang-froid (et ils seront tentés de vous provoquer afin de gagner ces paris !).

- Ils pourront devenir peu à peu indifférents à ce que vous dites ou à ce que vous faites... tout simplement parce que vous avez des sautes d'humeur, suivies de moments de gêne ou même d'excuses de votre part.

- Ils auront tendance à prendre à la légère des paroles que vous aurez pourtant prononcées avec beaucoup de sérieux. Ils penseront alors : « Il dit ça juste parce qu'il est en colère ! »

Devant ce genre de comportements, vous ressentirez plus fortement vos états d'âme... et vous serez tenté de réagir encore plus vivement. Ainsi, vous risquez de voir votre autorité s'effriter encore plus. Cela rappelle la célèbre publicité des saucisses Hygrade : « Plus de gens en mangent parce qu'elles sont plus fraîches, et elles sont plus fraîches parce que plus de gens en mangent ! » Ce qu'il faut éviter avant tout, c'est que les membres de votre équipe en arrivent à mettre en doute votre leadership.

Si vous ignorez vos émotions, ou si vous essayez de les dominer par la seule force de votre volonté, vous allez vous fatiguer rapidement, sans pour autant atteindre le résultat visé. Vous vous retrouverez avec un ulcère d'estomac ou encore vous en provoquerez un chez les autres. Compte tenu du fait que les équipiers sont plus nombreux que les chefs d'équipe, inutile de se demander qui gagnera à ce jeu.

Par contre, si vous utilisez davantage votre raison, vos émotions deviendront plus faciles à prévoir (du moins pour vous) et à maîtriser.

Le mot clé est « maîtriser », qu'il ne faut pas confondre avec « dominer » ou « refuser ».

Communiquer avec calme : plusieurs méthodes

En feuilletant le journal ou l'annuaire téléphonique de votre région, vous découvrirez au moins une quinzaine de façons de conserver votre sang-froid ou de le retrouver. Et si vous vivez dans une grande ville, dans laquelle une foule de spécialistes offrent leurs services, vous pourrez en découvrir trente : une panoplie de thérapies, d'innombrables groupes de soutien, des centres de conditionnement physique, tout un éventail de religions, une armée de consultants, etc. Bref, beaucoup de gens s'intéressent à vos états d'âme (parfois un peu trop !).

Ces méthodes peuvent être efficaces, mais pas quand vous êtes en plein travail, quand le stress semble émaner de partout... et de tout le monde, donc pas quand vous êtes coincé entre les obligations techniques et les besoins des êtres humains. Prenez une grande respiration : vous n'êtes ni seul ni sans recours. Il y a en vous près de 40 milliards de neurones susceptibles de fournir des centaines d'idées à la minute... à condition, bien sûr, de leur demander conseil ! Voici donc un certain nombre de méthodes qui vous permettront de mettre à contribution plusieurs milliers de neurones à la fois... en l'espace de quelques secondes, dans le feu de l'action. Bien entendu, il vaut mieux tester ces méthodes d'abord dans des situations comportant peu de risques, avant de les mettre en œuvre auprès des têtes fortes... ou fêlées ! Les méthodes que nous présentons ici se répartissent en deux catégories : 1) les méthodes qui permettent d'agir sur soi-même ; 2) les méthodes qui permettent d'agir sur les autres.

Les méthodes qui permettent d'agir sur soi-même

Abaisser les épaules et prendre trois respirations lentes

Ce truc est utilisé par les sportifs qui se sentent nerveux ou qui veulent cesser de grelotter. Il est presque impossible, physiquement, d'accomplir simultanément ces deux gestes et de demeurer stressé. N'abaissez pas la tête en même temps, cela vous donnerait un sentiment de défaite ou d'impuissance. Et respirer par la bouche vous amènerait à émettre deux grands soupirs... ce qui vous rappellerait immédiatement que vous êtes trop stressé! Alors, faites ce que vous ont déjà suggéré quelques-uns de vos amis : respirez par le nez!

Concentrer toute son attention sur un objet anodin

Les experts en arts martiaux vous le diront : en se concentrant intensément sur un seul élément, on empêche son cerveau d'«enregistrer» les autres sensations. C'est pour cela qu'ils crient si fort au moment où ils frappent : leur cerveau étant concentré sur ce cri, ils ressentent moins (ou pas du tout) la douleur que susciterait normalement le coup donné.

Imaginer, avec le plus de précision possible, un enfant qui joue

Efforcez-vous de voir ses gestes, ses expressions, son chantonnement, son sourire. Vous ressentirez l'état d'abandon absolu que ressent votre enfant quand il est occupé à un jeu qui lui plaît. Si vous n'arrivez vraiment pas à réaliser cet exercice, prenez quelques jours de congé... et allez jouer avec votre enfant! Votre travail et votre vie de famille ne s'en porteront que mieux.

Énumérer mentalement trois activités à accomplir de retour à la maison

En vous concentrant sur une activité utile et que vous êtes sûr de bien effectuer, vous entrevoyez un résultat simple et concret. Vous voilà déjà un peu moins stressé.

Se représenter le contenu de son sous-sol et penser à une vente-débarras

Cet exercice de mémoire est doublement utile : il vous projette dans un environnement où vous vous sentez à l'aise... et il vous permet de mettre de l'ordre dans l'amas de choses inutiles qui s'accumulent dans votre maison !

Arborer un grand sourire pendant quinze secondes, dans un silence total

Cet exercice est d'une simplicité étonnante, à condition que vous ne pensiez qu'à ce sourire. Pour augmenter vos chances de succès, ajoutez-y une lente et profonde respiration par le nez. Une petite touche finale : fermez les yeux pendant cet exercice.

Dresser une liste de mots qui riment avec un mot clé

C'est facile quand il s'agit d'un petit mot clé qu'on vous a lancé et presque aussi facile quand il s'agit d'un geste (pensez au mot qui décrit ce geste). Par exemple, si un coéquipier vous a lancé au visage une phrase telle que « Il a *enfin* fini par comprendre ce qu'on lui disait ! », retournez à votre poste de travail sans rien dire et prenez 10 secondes pour imaginer une série de mots qui riment avec « enfin » : sapin, refrain, pain, machin, certain, crétin. La méthode fonctionne puisque vous avez probablement souri en lisant le dernier mot de cette liste ! Votre sourire est devenu authentique et l'injure, elle, vous semble maintenant inoffensive.

Les méthodes qui permettent d'agir sur les autres

Dans certains cas, vous n'aurez ni le temps ni la possibilité de vous retirer à l'écart pendant quelques secondes pour réfléchir, vous devrez agir et vous exprimer sur-le-champ. Votre réaction sera perçue non seulement par la personne visée, mais aussi par toutes les autres qui se trouvent sur les lieux : collègues, équipiers, clients, visiteurs, journalistes, etc. Votre poste de superviseur exige parfois que vous vous transformiez en artiste de la scène et en spécialiste de l'improvisation !

Familiarisez-vous donc avec les méthodes que voici et apprenez à reconnaître celles qui correspondent le mieux à votre tempérament ou à votre style de supervision. Ensuite, apportez-y des améliorations personnelles. Mieux encore, inventez d'autres méthodes et communiquez-les-nous ; elles seront peut-être mentionnées dans les éditions subséquentes !

La méthode du « commentateur sportif »

Lorsqu'un coéquipier tient des propos inacceptables qui risquent d'appuyer sur votre « bouton de panique », oubliez que vous êtes un « joueur » en difficulté, mais représentez-vous en « commentateur sportif » décrivant l'altercation. Lancez-vous dans une description très dynamique de la partie, remplie d'expressions imagées, comme celles que font les commentateurs de hockey ou de boxe. Un exemple vous permettra de comprendre.

Un équipier vous accuse d'avoir accordé un passe-droit à une travailleuse qui vient tout juste d'arriver. Vous êtes sûr d'avoir pris une décision judicieuse, mais vous sentez monter en vous une colère bien inutile.

L'équipier	Vous (le superviseur), en paroles et en gestes	Vous (le commentateur), en pensée
J'en ai assez, elle débarque ici et tout de suite tu lui fais des faveurs, et en plus...	Vous lui coupez la parole en rejetant la tête en arrière : *Écoute, j'ai pris une décision réfléchie...*	*Oh là là, le superviseur est nerveux ! Il aurait dû laisser l'autre finir et surtout éviter de rejeter la tête en arrière ! L'équipier est dans une bonne position pour compter un but !*
	Ayant entendu « le commentateur », vous décidez de vous comporter d'une manière plus calme : *... mais je peux écouter ce que tu as à dire. De quelle décision parles-tu ?*	*Très bonne tactique : le superviseur oblige l'autre à exposer son idée ! Le coéquipier va-t-il lancer, faire une feinte ou reculer ? Arrivera-t-il à temps ?*
Euh...		*Oh, il hésite ! Le superviseur a esquivé le coup ! Il doit maintenant éviter de prendre un air triomphant ; ça pourrait tout gâcher !*
	Quand tu voudras, on en parlera avec Aline, que ça concerne directement.	*Parfait, la partie est gagnée, sans avoir besoin de recourir à du temps supplémentaire ! Quel calme, quelle retenue !*

La méthode du « Ah oui, ah bon… »

Vous semble-t-il parfois impossible de refouler les émotions trop fortes, surtout si vous avez affaire à des arguments ou à des comportements tout à fait inacceptables ? Vous sentez que vous ne pourrez conserver votre calme que pendant quelques secondes encore… Alors, laissez s'échapper cette pression au fur et à mesure qu'elle monte. Mais faites-le sans que l'autre s'en rende compte ! Il suffit de changer quelques mots et le tour est joué : « Merde ! » devient « Ah bon… » et « Pas question ! » devient « Eh bien ! ». Dans ce cas-ci aussi, un petit exemple vous fera sourire… Tiens, vous êtes déjà plus calme !

Un équipier d'expérience conteste une de vos décisions. Vous aviez des informations que l'ouvrier chevronné ne possédait pas, mais vous ne voulez pas faire perdre la face à ce travailleur habituellement respectueux.

L'équipier	Vous (si vous tentez de vous imposer)	Vous (avec défoulement immédiat)
Hé, tu veux pas nous faire déplacer cet équipement tout de suite ? J'ai mon idée là-dessus, moi !	Écoute, j'ai pris cette décision parce que…	Ah bon…
Je pense que tu n'as pas pris le temps de calculer le poids et la stabilité des pièces.	Certainement, je ne suis pas idiot !	Eh bien… j'ai ici le résultat du calcul de poids. Ton souci de sécurité est tout à fait légitime.
Euh… O.K. !		

Voilà, la situation a été réglée en moins de 10 secondes… et à la satisfaction de tout le monde. Vous avez fait disparaître votre frustration (et conservé votre assurance), l'équipier d'expérience se sent respecté et les autres équipiers continuent de faire confiance à leur chef.

La méthode de l'« écrivain »

Cette méthode est plus subtile que les autres. Supposons que vous vous trouviez confronté à une situation ou à un comportement générateurs de stress... et que les solutions applicables sur-le-champ soient peu nombreuses. Comme les autres attendent votre décision, vous prenez un air songeur et vous vous frottez lentement le menton (et tout le monde pense que vous réfléchissez intensément). Mais en fait vous imaginez que vous êtes en train d'écrire votre biographie ; vous vous demandez quel titre donner à cet épisode désagréable de votre vie, « La crise de l'été 2001 », « La solution venue de nulle part » ou « Ma première grande défaite ». Cette façon de voir dédramatise la situation, ce qui vous rend plus calme, vous permet de réfléchir... et vous aide à trouver une solution. Le hic, dans tout cela, c'est que votre biographie aura un chapitre en moins !

La méthode du « malheur à venir »

Aborder un équipier perplexe ou hostile exige de vous beaucoup d'empathie et de respect. Ainsi, une équipière vient vous apostropher, pour la troisième fois en moins d'une heure, à propos d'un petit problème qui va bientôt être réglé. Son insistance vous agace, mais vous imaginez le scénario suivant :

1. Vous êtes doté de la capacité de connaître l'avenir.

2. Vous savez que cette équipière recevra dans quelques minutes un appel de son médecin lui annonçant qu'elle est atteinte d'une grave maladie.

3. Vous savez que vous êtes la dernière personne à l'écouter et à lui parler avant que la catastrophe ne s'abatte sur elle. Avez-vous vraiment le goût d'être désagréable avec cette personne ? Non, vous ressentez de la compassion à son égard. Il s'agit d'une technique très efficace, surtout si vous avez déjà été très malade vous-même ou si l'un de vos proches a connu une expérience semblable.

La méthode des « effets spéciaux »

Cette tactique est particulièrement facile, même si vous n'êtes pas doué pour les relations humaines. Il suffit d'écouter parler la personne qui vous irrite et d'insérer toute la scène dans un film d'action mettant en vedette des héros au comportement macho tels qu'Arnold Schwarzenegger (*Terminator*) ou Sigourney Weaver (*Alien*). Faites défiler ce film dans votre tête en ayant soin d'y ajouter des effets spéciaux ; il n'y a pas de budget à respecter, votre imagination est sans limites ! Tout le monde verra que vous réussissez à conserver votre sang-froid en toutes circonstances. Votre léger sourire ne passera pas inaperçu… et on en conclura que vous êtes doué pour rester calme ! Pourquoi leur avoueriez-vous que vous avez été soupe au lait dans une vie antérieure ?

La méthode du « carré de sable »

Cette technique présente beaucoup d'intérêt parce qu'elle permet de contourner la situation génératrice de frustrations. L'astuce consiste à ôter un bon nombre d'années aux personnes présentes. Efforcez-vous de vous représenter les adultes comme des enfants de quatre ans jouant dans un carré de sable. Avec un peu de concentration, vous arriverez très vite à donner aux choses une allure irrésistible !

- Le coéquipier qui pointe son crayon devient… un enfant qui brandit sa pelle de plastique.

- La stagiaire qui prend la parole avec assurance se métamorphose en… « garçon manqué » respecté.

- La machine brisée se transforme en… camion Tonka qui a perdu une roue.

- La menace à peine voilée devient… « Je vais le dire à maman ! »

• La tentative de manipulation évoque... le petit rusé qui voudrait échanger un camion et une chaudière de plastique contre une sucette qui ne vaut plus grand-chose.

Cette manière de voir les gens tire sa force du simple fait que, pour la plupart d'entre nous, c'est dans le carré de sable que s'est développée notre façon de traiter avec les autres. En vieillissant, nos jouets deviennent plus dispendieux, nos paroles plus nombreuses, nos gestes plus habiles, mais en gros notre personnalité demeure drôlement (ou tragiquement!) semblable à ce qu'elle était dans le carré de sable. Il suffit de ramener les petites crises à un niveau qui met tout le monde sur le même pied.

Considérer les petits problèmes et les petites frictions comme des «jeux permanents» permet d'oublier la hiérarchie de l'entreprise et d'aller droit à l'essentiel. Ne nous y trompons pas : l'ordre hiérarchique doit toujours être respecté quand il s'agit d'organiser le travail et de prendre des décisions, mais pas nécessairement quand il s'agit de communiquer.

Pourquoi ne pas envisager de... prier?

Vous considérez cela comme une suggestion pour le moins curieuse dans un livre portant sur les stratégies de supervision? D'accord, vous n'avez qu'à tourner la page. Sachez donc qu'il s'agit de la prière quotidienne des alcooliques réhabilités. La voici, dans une version que nous espérons fidèle* :

Seigneur, donnez-moi la **force** de changer ce que je peux changer,
la **sérénité** d'accepter ce que je ne peux pas changer,
mais surtout donnez-moi la **sagesse** de distinguer les deux.

---

* À la place du mot Seigneur, vous pouvez mettre Allah, Bouddha ou toute autre divinité propre à votre culture ou à vos valeurs spirituelles. Vous pouvez également mettre à la première ligne «J'espère avoir...», la formule y perdra toutefois un peu de sa force.

Savoir écouter

Où veut-elle en venir ?

Ça me déconcentre, ces insinuations et ces larmes de crocodile !

Même si elle fait de gros yeux et sort de gros mots,
tout ce qu'elle veut savoir, c'est pourquoi ce travail est si urgent.

Quand un artisan sérieux choisit des planches, il prend soin de déterminer à quoi elles vont servir. Sinon, il aura bien de la difficulté à choisir le type de bois à utiliser : certains bois sont très beaux mais n'ont guère de résistance, d'autres sont très solides mais peu esthétiques, d'autres encore, très résistants mais difficiles à travailler. Pas facile ! Il doit savoir ce qu'il veut faire, avoir un projet concret, avant de décréter qu'il lui faut telle ou telle sorte de bois. Embaucheriez-vous un ébéniste qui vous parle de ses planches plutôt que de vos meubles ? ●

Quand vous écoutez une coéquipière, par exemple, vous risquez de vous perdre dans les détails. En n'entendant que les mots, vous perdez de vue l'objet du message. Vous accordez trop d'importance à certains mots et à certaines émotions... au point de négliger le sens de ce qu'elle vous dit ou vous demande.

Voici un exemple de ce qui arrive quand on écoute « trop » attentivement.

Une façon de faire au travail a été légèrement modifiée hier et certains coéquipiers n'ont pas encore reçu par écrit le détail des corrections à apporter. Le chef d'équipe (Guy) sait qu'une session d'information aura lieu dans l'heure qui suit.

Monique (avec un mélange de curiosité et d'appréhension) : *Qu'est-ce qui se passe chez les patrons ? Il paraît que la façon de faire est toute chambardée et personne n'est au courant ! Pas même toi qui te vantes pourtant d'être dans le secret des dieux !*

Guy (un peu surpris) : *Restons calmes, tout va se régler d'ici une heure...*

Monique (maintenant vexée) : *Les règles changent sans qu'on en soit avisé et tu trouves ça normal ?*

Guy (devenant impatient) : *Je savais que le changement s'en venait... et puis je n'aime pas du tout que tu me parles sur ce ton !*

Nous aurions envie de poser trois questions gênantes à Guy :

1. Quel est le vrai sujet de cet entretien ?

2. Pourquoi Guy s'est-il laissé dérouter si rapidement et si facilement ?

3. Que veut vraiment savoir la coéquipière ?

Guy a accordé trop d'attention aux détails du message pour en saisir le vrai sujet... et la véritable intention. Beaucoup de superviseurs écoutent trop les émotions et pas assez les faits véhiculés par les messages de leurs coéquipiers. Le problème, c'est que nous sommes trop prompts à réagir à ces émotions. Nous avons tendance à confondre les émotions et le message. Et c'est pour cela que des entretiens qui pourraient être vraiment utiles deviennent parfois des engueulades vraiment inutiles. Il vaut toujours mieux tenir compte des émotions et des valeurs de vos interlocuteurs (cela s'appelle de l'empathie). Par contre, on ne gagne rien à laisser les émotions prendre plus de place que le message lui-même.

Clarifier sa perception du message reçu

Si nous revenons à l'entretien entre Guy et Monique, vous avez certainement l'impression que Guy a été de bonne foi. Pourtant, il faut plus que de la bonne foi pour « tamiser » les émotions, les informations et les intentions du coéquipier qui vous parle. Si ces éléments demeurent enchevêtrés, vous n'arriverez à saisir ni le sujet (de quoi il parle) ni l'intention (pourquoi il le dit) du message de votre coéquipier. C'est alors que vous risquez de tomber dans l'un ou l'autre des deux pièges suivants.

Le piège des émotions amplifiées

En prêtant trop d'attention à l'état émotionnel de la personne qui vous parle, vous contribuez à amplifier ses émotions et à faire dévier tout votre échange. En réagissant de façon trop directe à la pointe d'agressivité décelable dans les paroles de Monique, Guy a fait l'erreur de la reprendre dans sa réplique. Monique sera donc tentée de conclure que cette pointe d'émotion était justifiée... et elle en fera une montagne! Si vous tenez compte de l'émotion peu pertinente d'un coéquipier, vous lui faites savoir que cette émotion vous a vraiment affecté. Le coéquipier sera ainsi porté à valoriser et à intensifier cette émotion. Vous voilà tous les deux entraînés dans un dialogue qui ne mène nulle part.

Le piège des émotions en miroir

Ce deuxième piège est plus dangereux que le premier parce qu'il se trouve en vous. Cette embûche sournoise vous amène à réagir non pas aux émotions de votre interlocuteur, mais aux émotions que ses paroles suscitent en vous. Vous en arrivez à reprocher à l'autre vos propres émotions.

Reprenons l'exemple de Guy et Monique pour voir comment fonctionne ce piège. Notez bien les mots en gras.

Monique (avec un mélange de curiosité et d'appréhension) : *Qu'est-ce qui se passe chez les patrons ? Il paraît que la façon de faire est toute chambardée et personne n'est au courant ! Pas même toi qui te vantes pourtant d'être dans le secret des dieux !*

Guy (un peu agacé) : *Ça ne sert à rien de venir me **déranger** pour un détail ! Dans une heure, tout aura été éclairci.*

Monique (vexée) : *Je ne voulais pas t'**embêter**, je voulais juste te dire que le changement aurait pu être mieux planifié.*

Guy (impatient) : *Alors, pourquoi es-tu si **désagréable** quand le changement arrive ?*

Voici deux questions pour Guy et une pour vous :

1. Guy a-t-il répondu en rendant la situation plus claire ou a-t-il amplifié l'émotion de Monique ?

2. Monique a-t-elle eu tort de revenir sur l'émotion que lui a renvoyée Guy ? En tant que chef d'équipe, celui-ci aurait pourtant dû conserver son sang-froid.

3. Combien de fois depuis un mois êtes-vous tombé dans ce type de pièges ?

Les émotions sont des composantes fascinantes de notre vie, elles ajoutent du piment à notre existence. Les superviseurs ressentent autant d'émotions que les coéquipiers. Ce qui distingue les bons superviseurs, comme les bons coéquipiers, c'est qu'ils savent utiliser en premier lieu leur raison, leur jugement. Les gens performants donnent *de la place* aux émotions, mais pas *toute la place*. Surtout, ils évitent de s'approprier l'émotion des gens qu'ils écoutent, de la détourner.

Considérer le sujet

Il existe des milliers de mots, qu'on combine selon des millions de façons, sans compter les gestes, les regards et les silences, qui peuvent eux aussi changer profondément le sens d'une phrase. Il est inutile d'essayer de tout comprendre, de tout maîtriser ; la plupart du temps, il suffit de saisir l'essentiel de ce qu'on vous dit. Cela tient en deux questions : quel est le sujet du message transmis (de quoi est-il question ?) et quelle en est l'intention (pourquoi le dit-on) ? Présentons les choses de manière plus pratique en utilisant des exemples et des exercices.

Le vrai sujet du message

Tout superviseur qui sait maîtriser ses états d'âme vous dira que le sujet réel d'une phrase se cache très souvent sous dix détails, entre trois émotions et derrière une insinuation. Il vous donnera le conseil suivant : « Sois à l'affût des mots clés qui sont directement liés à une situation, à un geste, à une façon de faire, à une norme, à une conséquence, etc. », et il aura raison. Vous croyez que c'est facile ? Voici quelques exemples.

Quel est le sujet réel de chacune des phrases suivantes ?

a) *Hé, chose, c'est quoi ça ? Des mesures anglaises sur une machine métrique ?*

b) *Es-tu en train de t'amuser à compliquer les directives pour que j'aie l'air d'un idiot devant les autres ?*

c) *Les gars me disent qu'on peut sans problème déroger de 3 % à la norme.*

Les réponses doivent porter sur : a) les mesures ; b) les directives ; c) la norme. Vous avez trouvé facilement ? Cela signifie que vous savez écouter par-delà les émotions.

Votre tâche consiste à conserver votre sang-froid (relire le chapitre 1 intitulé « Conserver son calme… ou le retrouver ! ») et à capter l'essentiel du message. Votre aptitude à surmonter vos émotions vous attirera le respect des membres de l'équipe. Votre capacité de juger en sera immédiatement rehaussée. Vos décisions deviendront plus claires. Mieux encore, vos coéquipiers comprendront à la longue qu'il est inutile de se décharger sur vous de leurs émotions ou de lancer des insinuations. Ils deviendront alors plus responsables et se concentreront davantage sur le vrai sujet de leurs interventions.

Communiquer sa compréhension du message reçu

Un psychologue vous dira qu'une phrase peut comporter plusieurs dimensions à la fois, et c'est tout à fait juste. La vie est souvent complexe. Mais vous n'êtes pas psychologue et le travail en équipe n'est ni une thérapie ni un cours de croissance personnelle. Vous devez communiquer sans rompre le rythme de la production. Vous devez tenir compte des émotions, mais en évitant de baser sur elles vos décisions.

Nous présentons ici un certain nombre de phrases qui s'inscrivent dans quatre grandes catégories d'intention. Simplifions les choses : pour bien décoder l'intention de celui qui parle, tenez très peu compte des émotions et concentrez-vous sur l'essentiel, puis notez bien les mots en gras (qui mettent l'accent sur l'intention).

Informer

Un coéquipier vous parle pour simplement transmettre une information ou même une émotion. Dans ce cas, le superviseur évitera de répondre en se plaçant au niveau des émotions. Il se concentrera sur les raisons pour lesquelles un équipier veut l'informer. D'accord, ici le message pourrait être plus gentil, mais l'essentiel n'y est-il pas ? Dans l'exemple suivant, le sujet est l'étiquetage et l'intention est d'informer.

France (surprise et un brin hostile) : *Eh, ça n'a pas de bon sens ! Si on appliquait cette directive, il faudrait mettre **deux prix** sur cet objet !*

Le superviseur (qui ne tient pas compte de l'hostilité de France) : *Merci de **m'en avoir parlé**, je vais vérifier cela tout de suite !*

France (en ricanant) : *Prends ton temps !*

Le superviseur (avec calme) : *Un superviseur bien informé travaille toujours vite !*

Être informé

Le coéquipier voudrait surtout obtenir une information ou une réaction. Le superviseur doit comprendre que le coéquipier désire avoir des informations supplémentaires avant d'agir. Il ne faut pas en conclure qu'il est paresseux !

Clément (hésitant) : *Veux-tu bien me **dire** ce que tu veux au juste ? Cesse de tourner autour du pot à propos des mesures de sécurité !*

Le superviseur (attentif) : *Tu veux **savoir** en deux mots ? Ce travail exige des gants de plastique et non de caoutchouc. C'est leur couleur qui les différencie ; veux-tu savoir lesquelles ?*

Clément (devenu lui aussi attentif) : *Bien sûr !*

Évaluer ou analyser

Le coéquipier tente de faire la part des choses, il veut réfléchir à la question. Le superviseur habile s'efforcera ici de noter toute indication montrant que son interlocuteur hésite ou qu'il essaie de choisir entre plusieurs solutions.

Mario (nerveux) : *C'est vraiment pas simple ! Est-ce que je dois ralentir pour éviter les bris, ou bien foncer et m'arrêter plus souvent pour vérifier ? Je veux bien travailler dur, mais je ne veux pas être enguirlandé à cause d'une directive incomplète !*

Le superviseur (évitant de laisser voir un doute) : *Bon, on va analyser ça tout de suite. Quand on a les idées claires, on travaille mieux... moi aussi d'ailleurs !*

Mario (qui a retrouvé son assurance) : *Parfait !*

Décider

Dans certaines situations, le coéquipier souhaite que vous preniez une décision et il n'a ni le temps ni l'envie de vous informer ou de se mettre à analyser. En fait, il veut recevoir une directive. Le superviseur sagace y verra une marque de respect envers lui, quel que soit le ton utilisé.

Robert (légèrement agressif) : *C'est à toi de me dire ce que je dois faire, c'est toi le patron !*

Le superviseur (poliment) : *Tu as raison, c'est moi qui suis responsable. Tiens, tu remplaces la pièce par celle-ci.*

Robert (avec moins d'hostilité) : *Et si ça ne marche pas ?*

Le superviseur (avec calme) : *Je pense que ça va marcher, sinon, rassure-toi, je trouverai une autre solution.*

Agir

Votre coéquipier tente de vous amener à faire un geste, réfléchi ou non. Ces cas se rencontrent peu fréquemment, on les retrouve surtout quand il faut agir sur-le-champ, quand on a affaire à des questions de sécurité, à des accidents, à des gestes particuliers à accomplir, etc. Un bon superviseur accepte qu'il y ait alors beaucoup d'émotion et il reprochera rarement à son interlocuteur d'avoir fait un accroc à la politesse.

Patrick (très inquiet) : *Ôte-toi de là, et **vite** !*

Le superviseur se déplace en regardant à droite et à gauche, sans parler.

Un superviseur qui aurait accordé trop d'attention au ton de son coéquipier se serait probablement senti un peu froissé. Toutefois, mieux vaut tolérer ici une petite blessure à votre amour-propre... ça ne saigne pas. Une fois remis de vos émotions, examinez avec le coéquipier ce qui s'est passé au juste et prenez des mesures pour éviter que pareille chose se reproduise.

Si vous le voulez, faites l'exercice suivant, en déterminant chaque fois le sujet (de quoi il parle) et le but (pourquoi il le dit) contenus dans les phrases d'un coéquipier. Les réponse se trouvent à la fin du chapitre.

1. *Me prends-tu pour un imbécile ?*
   Pas question que je travaille avec un outil défectueux !

Le sujet _____ Le but _____

2. *On fonce tout de suite, ou bien on attend le spécialiste qui ne*
   connaît peut-être pas mieux que nous la presse hydraulique ?

Le sujet _____ Le but _____

3. *Décide-toi : est-ce que je peux partir à 16 h, oui ou non !*

Le sujet _____ Le but _____

4. *Si tu autorises le stagiaire à faire cette tâche tout seul,*
   je serai obligé de déposer un grief.

Le sujet _____ Le but _____

5. *Aurais-tu deux minutes pour m'expliquer les avantages et les*
   désavantages de ce nouveau procédé ? Et tu n'es pas obligé de
   faire semblant d'être occupé !

Le sujet _____ Le but _____

Dans chaque cas, le coéquipier mélange les faits, les informations et les émotions. Les superviseurs apprennent à faire la part des choses (ou ils s'en souviennent!). Cela ne va pas de soi, me direz-vous. D'accord, et c'est bien pour cette raison que les bons superviseurs sont si estimés!

Réponses

1. Le sujet, l'outil défectueux; le but, informer.

2. Le sujet, la presse hydraulique; le but, décider.

3. Le sujet, le départ; le but, être informé.

4. Le sujet, l'autonomie du stagiaire; le but, informer.

5. Le sujet, le procédé; le but, évaluer/analyser.

Aider l'autre à s'exprimer

Vas-y, on n'a pas toute la journée pour discuter !

*Tu n'es pas obligé de tout répéter comme
si je n'étais pas capable de comprendre !*

*Quand j'aide quelqu'un à parler,
je l'aide à réfléchir et à comprendre.*

Bien des machines et bien des mécanismes se brisent ou cessent de fonctionner tout simplement par manque d'huile. D'autres machines se cassent parce qu'il y a trop d'huile sous pression dans le système. L'ouvrier habile sait quelle est la quantité d'huile nécessaire au bon fonctionnement de ses outils. Il sait aussi quel est le meilleur moment pour huiler ses mécanismes. C'est ce qu'on appelle de l'entretien préventif.

À trop vouloir gagner du temps, certains superviseurs oublient d'huiler certains rouages dans la tête de leurs coéquipiers, de sorte que des frictions peuvent s'installer entre eux et leurs collègues de travail. Il peut en résulter de gros problèmes.

Par exemple, vous entendez un bruit suspect et vous vous dirigez vers un groupe qui se tient devant un ordinateur. Rien ne semble détraqué, mais vous êtes certain d'avoir entendu un drôle de bruit.

Vous (aimable et curieux) : *Ce bruit étrange, il vient d'où, d'après vous ?*

Hélène (avec assurance) : *Je pense que ça vient de derrière le bureau de l'ordinateur...*

Vous (plus attentif) : *Ah oui... est-ce que quelqu'un aurait une idée plus précise ?*

Albert (moins sûr de lui) : *Si on avait une idée plus précise, on ne resterait pas là, debout devant le pupitre !*

Vous (encore assez calme) : *Je veux juste avoir plus d'information avant de défaire le bureau et de débrancher l'ordinateur... Alors, quelqu'un peut-il me fournir d'autres éléments ?*

Georges (hésitant) : *Moi, je crois que c'est un outil qui est tombé derrière ; si tout le monde vérifiait où sont ses outils, on le saurait dans trois minutes.*

France (sur la défensive) : *C'est ça, tout le monde va perdre du temps à regarder ailleurs que là où se trouve le bruit !*

Vous (un peu irrité) : *Est-ce qu'il y en a d'autres qui pensent comme ça ?*

Tous les autres (vraiment irrités !) : *Bien, peut-être...*

Comment se fait-il que, malgré vos bonnes intentions, la conversation ait si mal tourné, et si rapidement ? Pourquoi le simple fait de poser des questions visant à vous éclairer davantage a-t-il mis les coéquipiers à ce point sur la défensive ? Pourquoi les choses sont-elles si compliquées ? Alors, voyons comment vous pourriez aider vos coéquipiers à parler sans mettre tout le monde de mauvaise humeur.

Clarifier son penchant à vouloir comprendre trop vite

Les gens d'action n'aiment pas tellement s'attarder aux détails. Ils ont mieux à faire, des urgences les réclament. Ils se méfient des paroles et leur préfèrent les actes. Pour eux, aider un coéquipier à s'exprimer équivaut à perdre du temps deux fois : premièrement, en posant les questions et, deuxièmement, en écoutant les réponses. Pourtant, un superviseur perspicace sait qu'il doit aider ses coéquipiers à parler, surtout quand il sent que des frictions difficiles à expliquer sont en train de se développer dans le groupe.

On croit connaître d'avance les problèmes aussi bien que leurs solutions

L'expérience et la compétence peuvent à l'occasion vous jouer des tours. C'est ce qui peut se produire quand on a le sentiment de connaître d'avance les réponses. Quand on travaille en équipe, l'expertise technique ne suffit pas. Le superviseur qui a le sentiment de tout connaître risque de devenir arrogant. Le chef d'équipe qui croit toujours savoir ce qu'il faut faire peut devenir dominateur. Ses coéquipiers dominés attendront le moment où leur « petit chef » commettra une erreur… et alors ils ne feront rien pour lui venir en aide. N'y voyons pas de la cruauté de leur part, mais simplement de la logique. Ces coéquipiers ne veulent pas travailler pour un surhomme, mais pour un chef avisé.

On s'imagine qu'on a compris du premier coup

L'expérience nous enseigne qu'il est bon d'écouter les messages de nos coéquipiers. Vous êtes sûr d'avoir compris du premier coup ce qu'une coéquipière vous a dit ? Vous avez peut-être oublié des éléments importants… puis vous serez obligé de vous excuser. Pensez-vous avoir l'air moins compétent si vous aidez un équipier à exprimer son point de vue sur un problème ? En profitera-t-il pour vous « tasser dans le coin », pour laisser entendre que vous ignoriez un élément essentiel ?

Quand un superviseur a la ferme conviction qu'il suffit de poser une ou deux questions pour comprendre le point de vue des autres, il exhibe sans doute ses connaissances, mais peut-être aussi ses illusions. Bien des employés vous diront que l'orgueil et l'expérience ne font pas bon ménage.

On suppose que l'interlocuteur a tout dit du premier coup

La majorité des superviseurs sont disposés à écouter ce qu'on leur dit. Mais le coéquipier nerveux, lui, réussira-t-il à se maîtriser suffisamment pour arriver à bien présenter son idée ? Pourquoi conclure que l'équipière épuisée a dit d'un seul coup tout ce qu'elle sait à propos d'un problème ? Faites-vous partie des superviseurs qui estiment tout comprendre, tout de suite et tout le temps ? Ne serait-il pas embarrassant d'avoir à répondre *oui* à cette question ? Alors, pourquoi tant de superviseurs compétents tombent-ils dans ce piège ?

Considérer les dangers d'un feed-back trop sommaire

On craint de trop insister

Vous craignez que le coéquipier vous prenne pour un méchant policier qui considérerait que les témoins sont aussi coupables que les criminels ? Alors, vous vous contentez de poser une ou deux questions et vous essayez de comprendre la situation à partir d'une information très limitée. Vous conserverez votre ignorance, mais vous aurez l'air tellement sympathique !

On craint d'avoir l'air trop insensible ou trop sensible

Comme vous les soumettez à des questions très précises, techniques, vous craignez que vos coéquipiers vous croient insensible à leurs états d'âme (« Il se prend pour un policier, ou quoi ? »). Alors, vous cessez d'interroger les gens dès que vos interlocuteurs mettent plus de deux secondes à répondre.

Si vous craignez de paraître insensible, vous n'en saurez pas plus ! Dans ce cas, les questions seront peu nombreuses et, de plus, vous

vous contenterez de réponses insatisfaisantes ou incomplètes. Vous abandonnerez trop facilement la partie, car vos coéquipiers pourraient penser : « C'est ça, on dirait qu'il a peur de nous écouter ! »

On craint de donner l'impression de manquer de compétence

La crainte la plus vive, la plus lancinante pour un superviseur, c'est que ses coéquipiers pensent qu'il n'est pas un *bon* superviseur. Si vous croyez que la partie importante du mot superviseur est *super*, vous essaierez d'être parfait, ce qui est impossible. Si par contre vous préférez la deuxième moitié du mot (*viseur*), vous aimez... viser, c'est-à-dire réfléchir avant d'agir. Les superviseurs efficaces savent bien que leurs coéquipiers ont autant de neurones qu'eux !

Communiquer, ou plutôt faire parler les autres

Si vous aidez vos coéquipiers à s'exprimer plus clairement, tout le monde y gagnera. Nous vous proposons ici trois façons d'obtenir des informations, en commençant par la plus facile. Pour mieux comprendre ces techniques, reportez-vous au chapitre 2, intitulé « Savoir écouter ».

Rattacher les questions posées à des domaines bien délimités

Avant de mettre en jeu votre crédibilité en interrogeant vos coéquipiers, il faut inscrire vos questions dans trois grands domaines : les ressources (humaines, techniques, financières), les responsabilités et les méthodes (ou encore les manières de faire). Mieux encore, annoncez à votre coéquipier que vous avez l'intention d'explorer ces domaines. Par exemple, vous pouvez lui dire : « Bon, on va examiner ça vite et bien. Je vais te poser des questions portant d'abord sur les procédés, puis sur les méthodes et moyens utilisés ; si nécessaire, on examinera les autres points par la suite. » Regardons cela de plus près, à l'aide d'exemples précis.

Les questions fermées

Si vous avez déjà pris votre petit déjeuner au restaurant, vous savez très bien ce que sont les questions fermées : « Du café, avec ou sans sucre, sans lait ? Pain blanc ou pain brun, pain de ménage ? Combien d'œufs ? Au miroir ou brouillés ? »

Ces questions sont toutes très précises et elles exigent une réponse claire et brève. Elles permettent d'obtenir un maximum d'information en un minimum de temps. Un superviseur peut utiliser ce type de questions quand il est très compétent et qu'il a une très bonne idée de ce qu'on pourrait lui répondre (comme la serveuse de restaurant !). Par contre, ce genre de questions peut tomber sur les nerfs des coéquipiers peu compétents, ou encore peu motivés ou peu éveillés (comme certains clients de la serveuse). Ils croiront que vous leur en demandez trop ou que vous voulez les impressionner. Voici une liste de questions fermées portant sur le problème mentionné au début du chapitre : un bruit non identifié.

Questions portant sur les ressources (humaines, techniques, financières)

- Qui a entendu le bruit (ressources techniques) ?

- Le son était-il répétitif (ressources techniques) ?

- Combien y a-t-il d'outils électriques ou mécaniques à proximité de cet ordinateur (ressources techniques) ?

- Y a-t-il un travail en cours présentement et, si oui, quelle en est la valeur (ressources financières) ?

- Combien de gens travaillent dans l'environnement immédiat de cet ordinateur (ressources humaines) ?

Questions portant sur les responsabilités

- Qui occupe ce bureau ?

- Combien de personnes ont accès au bureau ou à l'ordinateur ?

- Quelqu'un peut-il autoriser ou refuser l'accès à l'ordinateur ?

- Y a-t-il un technicien affecté à cet ordinateur ?

- Qui est l'utilisateur principal de cet ordinateur ?

- Un nouvel employé ou un stagiaire a-t-il accès à cet ordinateur ?

Questions portant sur les méthodes et les procédés

- Comment procède-t-on d'habitude pour fermer cet ordinateur ?

- Où est rangé le guide d'entretien ?

- Peut-on compter sur une sauvegarde automatique si on débranche tout ?

- Par quoi peut-on remplacer cet ordinateur ?

- Sait-on si l'entretien a été effectué, et quand ?

Les questions fermées posent parfois de drôles de problèmes. En posant une question très précise, on fait parfois d'une pierre deux mauvais coups : d'une part, on accorde trop d'importance à la question et, d'autre part, on limite d'avance le contenu de la réponse.

Voici une blague de Roméo Pérusse qui illustre parfaitement ce danger. Un visiteur se promène dans une usine et croise un ouvrier qui semble peu concentré sur son travail. Le visiteur lui demande : « Depuis quand travaillez-vous ici ? » L'employé répond : « Depuis que le patron m'a menacé de congédiement. » Avouez qu'aucun employé sain d'esprit n'aurait répondu ainsi ! Il se serait contenté d'indiquer depuis combien d'années il travaillait à cet endroit.

Reprenons l'exemple du bruit suspect détecté à proximité d'un ordinateur.

Vous (aimable et concentré) : *Qui d'entre vous utilise le plus cet ordinateur ?*

Réponse incomplète, mais précise, d'Alain : *C'est moi.*

Réponse non exprimée d'Alain : *Je t'ai déjà dit deux fois que l'ordinateur est trop proche du trajet des chariots lourds ; les vibrations, c'est toujours dangereux ! On dirait que tu cherches à trouver un coupable...*

Une question précise appelle une réponse précise. Toutefois, on pourrait parfois préférer avoir une réponse plus libre, car elle aiderait à mieux comprendre la situation. Ce qui nous amène à un autre type de questions.

Les questions ouvertes

Imaginez que vous ouvrez deux grandes portes de grange, sans savoir au juste quels animaux domestiques en sortiront. Voilà ce que c'est qu'une question ouverte ! Ce type de questions appelle des réponses plus développées et plus libres que les questions fermées.

Revenons à l'exemple du bruit détecté à proximité de l'ordinateur.

Vous (aimable et concentré) : *Alain, j'ai besoin de ton opinion, puisque tu travailles à ce poste depuis déjà plus d'une semaine : qu'en penses-tu ?*

Réponse « ouverte » d'Alain : *J'examinerais immédiatement le mouvement des pièces sur les tablettes qui se trouvent au-dessous de l'ordinateur. La vibration causée par les gros chariots a déjà fait tomber quelques pièces. Si le problème ne vient pas de là, on devrait appeler la personne qui s'occupe des ordinateurs.*

D'accord, la réponse est plus longue, mais il y a bien des chances qu'elle cerne d'un seul coup le problème. Mieux encore, elle permet de le régler définitivement. Les vétérans disent souvent aux nouveaux superviseurs : « Va moins vite, ça te fera gagner du temps ! »

Imaginons une autre situation, pour laquelle nous présenterons une série de questions ouvertes : ici, le problème vient de ce que la liste des stocks semble incomplète.

- Aline, s'il te plaît, *dis-nous à quoi ressemble* cette liste.

- Guy, *que penses-tu* de cette liste des stocks ?

- René, aurais-tu une information *à ajouter* ?

- Linda, *comment* le fait que cette liste est incomplète pourrait-il affecter le travail en cours ?

- *Pourquoi* ne pas prendre chacun une page et la vérifier ?

- *Comment* procède-t-on à cette vérification, d'habitude ?

- *Que risque-t-on* en reportant à demain cette vérification ?

- *Pourquoi, d'après vous,* cette liste est-elle incomplète ?

- *Quels changements* y a-t-il eu à la production ces deux derniers jours ?

- *En quoi* le changement de fournisseur aurait-il pu influer sur le niveau de nos stocks ?

Les mots en italique incitent les coéquipiers à exposer leur point de vue, à réfléchir avant de répondre. Cette façon de faire mise sur le sens des responsabilités de vos interlocuteurs. Utilisez ce type de questions surtout pour interroger les coéquipiers compétents, motivés et respectueux. Ils apprécieront qu'on fasse appel à leur jugement.

Les affirmations incomplètes

Aussi curieux que cela puisse paraître, cesser de poser directement les questions constitue une façon extrêmement efficace de recueillir des informations. Pour vous en convaincre, regardez un enregistrement vidéo de l'excellente animatrice Janette Bertrand. Si vous dépassez certains préjugés, vous constaterez qu'elle est sans conteste l'une des meilleures « écouteuses » de notre temps. Vous noterez qu'elle délaisse souvent les questions directes pour les affirmations incomplètes. Elle déclare, par exemple : « Et vous avez cessé de douter de vous à la suite de... », ou encore « Vous avez accepté la maladie de votre enfant depuis que... ». Les réponses sont parfois étonnantes, mais toujours justes. Janette a-t-elle réussi à toucher ce qu'il y a de plus profond dans cette personne ? Non, elle l'a plutôt aidée à parler en lui montrant un chemin... sans rien exiger de précis.

Le principe qui sous-tend cette méthode est simple : peu de gens sont capables de laisser flotter une phrase visiblement incomplète. Ils la termineront d'une façon qui leur semble logique. Ne voyant pas précisément où leur superviseur veut les amener, les coéquipiers iront dans leur propre direction. Et cette direction est souvent très pertinente.

Les superviseurs d'expérience utilisent assez souvent cette méthode lorsque leurs coéquipiers ont des niveaux de compétence différents et lorsqu'ils font face à des situations complexes ou délicates. Ces superviseurs savent parfaitement distinguer influence et manipulation (voir le chapitre 19 intitulé « Esquiver des propos manipulateurs »). Ils font confiance au jugement de leurs coéquipiers. Mieux encore, ils leur ont appris à assumer la responsabilité de leurs opinions et à les présenter d'une manière cohérente.

Maintenant, exerçons-nous à formuler des affirmations incomplètes dans des cas difficiles : d'abord, il s'agit de l'absence de deux étiquettes indiquant la conformité d'une pièce et, ensuite, du retard non motivé de deux nouveaux équipiers (venus d'une autre usine du réseau). Vous savez qu'en posant directement les questions vous risquez de démotiver vos équipiers habituels (ils font de longues heures en période de pointe) et de prendre à rebrousse-poil les nouveaux équipiers (pas encore habitués à votre style de leadership).

Vous (posant une question fermée) : *Nous avons ici quatre problèmes que tout le monde peut voir. Qui a posé les étiquettes aujourd'hui ?*

Serge (l'air fautif et visiblement sur la défensive) : *Écoute, tout le monde ici est fatigué et tu nous dis toujours d'aller plus vite !*

Vous (changeant de tactique, vous posez une question ouverte) : *Je vous demande seulement quelle est l'explication en ce qui a trait à l'étiquetage.*

Aline (se portant à la défense de Serge) : *Tu reviens encore à Serge ! Qu'est-ce que tu lui veux ? Il a peut-être fait son travail et un autre aura décollé l'étiquette sans s'en apercevoir !*

Poser des questions dans une situation pareille revient à jongler avec de la dynamite. Il faut changer de tactique de toute urgence ! C'est le moment d'avoir recours aux affirmations incomplètes.

Vous (calme et souriant) : *Georges, qu'est-ce que tu penses de la colle utilisée pour les étiquettes ?*

Georges (un peu surpris de cette question) : *Ben, on utilise cette colle depuis au moins un an. Alors, ça doit être autre chose, il me semble...*

Vous : *Alors, tu es en train de nous dire que...*

Georges (en y pensant bien) : *Ben, je pense que ça a dû être causé par un geste trop rapide plutôt que par un oubli... parce que Serge travaille très bien.*

Vous (rapidement) : *Serge, tu nous suggères de...*

Serge (soulagé) : *... de mettre l'étiquette quand il reste encore au moins 10 tours de tissu. Comme ça, même si on travaille vite, l'étiquette aura le temps de bien coller et on ne pourra plus l'enlever. Il suffirait de déplacer mon poste de travail de trois pieds.*

Vous : *Parfait, je me renseigne et je vous reviens dans cinq minutes.*

À ce sujet, nous posons deux questions :

1. Avez-vous perdu du temps ou votre autorité a-t-elle été diminuée parce que vous avez aidé les équipiers à s'exprimer à partir d'affirmations incomplètes ?

2. Pourriez-vous énumérer trois qualités indispensables à la mise en œuvre de la technique des affirmations incomplètes ? Si vous répondez « assurance, curiosité et respect », vous êtes tombé juste !

Voici une liste d'affirmations incomplètes utilisables dans bien des occasions. En prime, ces suggestions sont réparties en plusieurs catégories. Pour tester l'efficacité de cette liste, imaginez une situation précise dans votre entreprise, une situation touchant au moins deux autres personnes.

Comment obtenir des informations sur les causes

• Ce problème pourrait découler de...

• Ce problème aurait pu s'amorcer lorsque...

• Tu me dis que ce bris provient de...

• Et on a commencé à remarquer ce retard il y a...

• En remontant dans la suite des événements, on retomberait probablement sur...

• Pour ce qui est de l'origine de ce bris, on peut supposer que...

• Avant d'en arriver là, vous aviez noté que...

Comment obtenir des informations sur les conséquences immédiates

• Ce retard dans les livraisons peut avoir comme effet immédiat de...

- Si on prend 10 minutes pour examiner ça de plus près, ça veut dire que…

- Tu dis ça en réaction à…

- Alors…

- Alain, tu suggères de…

- On devrait donc voir si…

- Et…

Cette dernière affirmation incomplète est très efficace quand vous voulez aider un équipier qui connaît bien le sujet à pousser plus loin sa réflexion. Cette invitation extrêmement simple donne souvent de merveilleux résultats. C'est comme si la compétence de toute l'équipe se trouvait concentrée dans la personne qui parle. C'est logique : vous donnez une grande autorité personnelle à la personne la mieux placée pour aller au cœur du problème ou pour proposer une solution. Un chef d'équipe agit souvent comme un chef d'orchestre : il connaît très bien la partition, mais rien ne l'empêche d'inviter à l'occasion un musicien doué à se produire en solo.

Comment obtenir des informations sur les conséquences probables

- Et si on ne répare pas la machine, tu penses que d'ici une heure il risque d'y avoir…

- Tu dis que cette réparation est vraiment urgente parce que…

- Si la rencontre dure encore 10 minutes, ça veut dire pour toi que…

- Si on ne fait rien, la situation va…

- Ce qui nous amène à…

• En appliquant cette solution tout de suite, on va vers...

• Ce qui peut provoquer...

• En ayant recours à cette façon de faire, on va réduire...

Ici, on oriente les coéquipiers carrément vers l'avenir, au lieu de se cantonner au présent. De plus, chaque coéquipier a la possibilité de développer ses idées, au lieu de simplement réagir aux vôtres.

Si cette façon de faire éveille votre curiosité, c'est que vous êtes déjà un bon superviseur... et que vous deviendrez assez rapidement un superviseur chevronné. Vous avez saisi une vérité essentielle en matière de supervision : en posant des questions très précises, on emprisonne parfois la réponse dans la question. Parfois, il vaut mieux se contenter de fournir une orientation générale... et laisser ensuite le coéquipier compétent et responsable aller de lui-même vers sa destination particulière.

« Polir » ses propos

Je suis superviseur, pas animateur de foule !

Un mot bien placé est moins efficace qu'un pied bien placé !

On peut aller beaucoup plus loin quand on est précis, poli... et ferme.

Quand on polit sa voiture, on ne la rend ni plus fragile ni plus solide. On la polit pour en protéger la surface et pour en maintenir (ou en accroître) la valeur. Le polissage permet de faire disparaître les petites imperfections et les rayures légères. On est habituellement satisfait d'un bon polissage, et même fier d'avoir accompli un si « brillant » travail !

Pourquoi diable êtes-vous plus disposé à polir votre véhicule qu'à soigner votre vocabulaire ? Pourtant, ce sont vos paroles qui vous font connaître le mieux de vos subalternes. Combien de rayures, bosses et saletés y aperçoivent-ils ? Certainement trop ! Dans certains cas, vous exhibez tellement de « saletés » qu'on n'arrive plus à saisir votre vrai message. Certains superviseurs ne déclarent-ils pas sans cérémonie à un équipier nerveux : « Ton idée n'est pas folle », au lieu de dire « Cette idée est intéressante » ? Ne seraient-ils pas en train de polir leur voiture avec du papier sablé ?

Pourtant, on ne pourrait compter le nombre de mots ou d'expressions de ce genre qui se disent en l'espace d'une journée.

Un petit exercice : combien de mots inutilement négatifs pouvez-vous trouver dans les propos de ce superviseur ?

Vous (en souriant) : *Tu ne pourrais pas faire attention ! Es-tu obligé de lancer tes outils dans le tiroir ?*

Le subalterne : *Tu ne pourrais pas me le dire sur un autre ton ?*

Vous (ne souriant plus du tout) : *Je ne voulais pas t'offusquer.*

Le subalterne : *Qu'est-ce que ce sera quand tu voudras vraiment m'insulter ?*

On pourrait poser deux questions à propos de ce court échange :

1. Qui a mis en branle le désaccord en utilisant les premiers mots inutilement négatifs ?

2. Combien y a-t-il de mots négatifs dans ce dialogue ?

Clarifier ses préjugés au sujet de la politesse

Les gens qui ont été nommés depuis peu à un poste d'autorité supposent que pour parvenir à maîtriser la situation il faut avoir « une main de fer dans un gant de... fer » ! Ils ont donc tendance à afficher un comportement et des propos empreints de fermeté. Même s'ils sentent confusément qu'en faisant cela ils reproduisent une attitude qu'ils détestaient quand ils étaient eux-mêmes subalternes. C'est dire combien les habitudes ont la vie dure. On peut changer de parti politique, changer de métier, changer de sexe... mais se débarrasser d'une habitude néfaste, ça non !

La politesse constituerait-elle un aveu de faiblesse ?

Combien de fois nous a-t-on répété qu'il est impossible de diriger mollement, de superviser faiblement ? On en arrive très vite à croire que ces expressions représentent l'essence même du « gros bon sens ». Toutefois, souvenons-nous que, d'après ce même gros bon sens, il était impensable de construire des machines permettant aux êtres humains de voler, il était impossible de fabriquer des téléviseurs miniatures et il était ridicule de penser qu'un parti « séparatiste » devienne l'opposition officielle du pays. Parfois, ce sont de tels non-sens apparents qui font de certains superviseurs des leaders à la fois efficaces et polis, fermes et respectueux, solides et souples.

Ce n'est pas en se montrant poli que le superviseur trahit sa faiblesse, mais plutôt en paraissant mal à l'aise de l'être, ou en ne l'étant qu'avec cynisme. Lorsque la politesse résulte d'un choix, elle fournira au superviseur des atouts importants :

- Elle attestera son aptitude à gérer son stress.

- Le superviseur pourra réfléchir avec sa tête et avec son cœur.

- Les autres seront portés à avoir une certaine retenue.

- Les coéquipiers seront plus respectueux.

- Sa crédibilité en tant que leader et négociateur dans le feu de l'action augmentera.

Voici un bel exemple de la force tranquille qui se dégage habituellement de la politesse.

Une formatrice engagée par une grande entreprise industrielle entre dans le local prévu pour cette activité, dans lequel l'attendent une vingtaine de superviseurs. Ils ont l'intention de bien s'amuser, pendant la formation, aux dépens de cette personne-ressource qui en est à sa première intervention. À l'arrivée de la formatrice, un superviseur s'exclame, sur un ton pour le moins insolent : « Eh bien, une femme ! » Il s'ensuit un silence de mort, brisé par quelques rires.

La formatrice, après avoir déposé lentement et calmement sa documentation sur la table, relève la tête et répond en souriant : « Eh bien, des gars… », puis elle commence sa présentation comme si de rien n'était.

Un long silence. Le même superviseur reprend la parole, plus poliment : « Elle est bien, celle-là ! »

Vous pensez que nous avons inventé cet exemple ? Parlez-en donc à la coauteure de ce livre !

La brutalité serait-elle une preuve de force ?

Il fut une époque, qu'on espère révolue, où les gestionnaires repéraient les candidats à la supervision de manière simpliste, en se basant sur leur aptitude à marcher sur les pieds des autres, sur leur tendance à parler fort et sur leur absence à peu près totale de compassion. On formait des superviseurs selon la méthode militaire, sans même s'apercevoir que les locaux d'une entreprise ne sont pas un champ de bataille.

Bien des superviseurs masculins croient, à tort, que les gestionnaires attendent d'eux un comportement grossier et autoritaire. Et certaines femmes chefs d'équipe se sentent obligées, à tort elles aussi, d'être « plus agressives que les gars » pour arriver à s'imposer.

Voici un exemple qui illustre la force « fragile » de la brutalité.

Un superviseur transmet, sur un ton ferme, une directive à ses coéquipiers : *Le client a changé d'avis et a raccourci les délais. Il va falloir faire deux heures de temps supplémentaire vendredi, point à la ligne. Tout le monde y passe, et moi aussi !*

Un équipier rétorque : *T'as l'air quasiment content de nous dire ça !*

Le superviseur relance, avec un regard foudroyant : *Faudrait-il que le client vienne te le dire lui-même ?*

Une équipière lance : *Il aurait certainement plus le tour de nous le dire que toi !*

De quoi le superviseur risque-t-il d'être bientôt accusé ?

Le superviseur habile sait user de fermeté, d'une grande fermeté s'il le faut, en tant que stratégie… pas en tant que réflexe. Dites-vous qu'une directive ne deviendra pas plus contraignante parce que vous aurez crié plus fort. Au contraire, elle se transformera alors en défi (voir le chapitre 8 intitulé « Transmettre une directive sans mauvaise surprise »). Rappelez-vous la dernière fois que vous avez, en tant que subalterne, misé de l'argent (ou de la bière) sur le temps qu'un « petit chef » agressif mettrait à disjoncter.

La politesse est plus efficace que la force

Un éleveur qui observait une compétition de chevaux de trait nous a donné le conseil suivant : « Si vous voulez gager, ne misez pas sur le cheval fouetté par son maître, mais sur celui que le maître encourage et flatte ; il se donnera à fond. » La loi nous interdit de vous rapporter ce que nous avons décidé de faire ; nous pouvons tout au plus vous dire que ce fut une belle journée !

Le directeur d'une entreprise nous a confié : « Les employés, c'est comme de la corde : ça ne sert à rien de pousser dessus, il faut aller devant et tirer ! »

Un employé ou coéquipier qui sait que vous l'aborderez presque toujours de manière polie sera plus disposé à vous écouter, plus porté à réfléchir, plus prompt à agir dans le sens voulu.

Considérer le besoin d'énergie constante

Il en va de la motivation intelligente comme de l'alimentation saine : on évite les fortes doses d'énergie artificielles et temporaires (les « fringales de sucre blanc »), pour se concentrer sur ce qui est vraiment bon et utile (protéines, vitamines, etc.). L'optimisme présenté par certains « motivologues » ressemble à une dose de sucre émotionnel : les gens se sentent terriblement compétents et motivés... puis perdent cette énergie au bout de quelques heures ou jours. Si vous percevez ici un rappel à la notion d'énergie «réactive», vous êtes compétent!

Un chef qui a une attitude positive et optimiste prend le temps de fournir à ses gens les informations requises, investit le temps de les consulter et accorde à ses gens le temps de réfléchir. On passe ainsi de la motivation traditionnelle à la mobilisation intelligente. La nuance est grande.

Les membres de votre équipe s'attendent à ce que vous développiez deux types de compétences : celles liées au travail à réaliser, et celles liées au climat de travail et à l'interaction des membres de l'équipe. Un chef mobilisant utilise ces deux types de compétences tous les jours. Il lui suffit de quelques minutes. Nous connaissons une chef d'équipe qui fait une tournée quotidienne de 30 à 45 minutes pour écouter, informer, orienter et mobiliser chaque membre de son équipe. Elle a expliqué et négocié cette façon de faire avec ses patrons avant d'accepter le poste de superviseur. Elle est futée. Ses patrons aussi. Elle calcule que ce temps d'interrelation, d'organisation et de mobilisation sauve des journées entières de chicanes et de mesures correctives. Un indice de rendement : son équipe demeure calme même face à des situations inattendues et urgentes.

Communiquer vite et bien

Voici quelques suggestions de phrases polies, mais fermes (entre parenthèses), qui pourraient remplacer les phrases trop dures (entre guillemets) :

1. « Je ne peux pas appuyer ta proposition telle qu'elle est, cela me gêne un peu. »
   (Je regarderai à nouveau ta proposition dès que tu l'auras adaptée à la situation.)

2. « Je trouve inadmissible que tu n'obéisses pas à mes directives ! »
   (Tu connais aussi bien que moi la directive et tu sais quand arrivera l'échéance, donc je te fais confiance.)

3. « Ton travail n'est pas tout à fait à la hauteur de mes attentes. »
   (Avec quelques corrections de détail, ton travail sera parfait.)

4. « Je n'ai pas fait exprès de te donner ce travail ingrat ! »
   (Je sais que tu peux relever ce défi.)

5. « Vous ne pouvez pas entrer par la porte 3, c'est contraire au règlement. »
   (Mieux vaut utiliser la porte 4, c'est plus sécuritaire.)

6. « Je ne peux pas contresigner ta fiche : elle est incomplète, et tu le sais ! »
   (C'est moi le superviseur et je vais prendre mes responsabilités.)

7. « Non, ce n'est pas du tout comme ça qu'il faut procéder ! »
   (La façon de faire est bien précise, je vais la répéter…)

8. « Pourquoi tu ne cesses pas de crier contre le stagiaire ? »
   (Ce travailleur a la même expérience que celle que tu avais
   quand tu as été embauché.)

Admettons qu'à première vue ces tournures à la fois polies et fermes paraissent manquer de force et d'autorité. Notons en même temps qu'elles ont été suggérées par des superviseurs et des chefs d'équipe qui peuvent témoigner de leur efficacité. Améliorez votre capacité de bien communiquer en reformulant de manière polie, claire et ferme les propos suivants :

1. Tu ne peux pas venir ici gueuler sans raison !

2. J'ai entendu dire que tu avais un retard de 15 % ; c'est pas vrai,
   j'espère ?

3. Je ne vois pas de raisons d'accepter votre demande de
   rajustement.

4. Je n'accepterai pas de retard dans les délais, pas même d'un
   seul jour !

5. Ne vous impatientez pas, je vais voir s'il n'y aurait pas moyen
   de rendre le plan plus clair.

6. Ce n'est pas moi qui ai émis la directive ; je ne fais que vous la
   transmettre !

Éviter les mots de trop

Si je m'étais tu une seconde plus tôt, tout aurait été parfait...

Le seul mot qu'elle ait retenu, c'est le dernier !

*Des fois, c'est comme s'ils espéraient me prendre
en défaut pour un seul petit mot !*

La clé dynamométrique (*torque wrench*) permet de déterminer avec précision la force de torsion qu'on veut appliquer.
Avec cet outil, il est presque impossible de casser le boulon,
quelle que soit la force exercée. Nous passerons maintenant
en revue quelques méthodes simples qui vous permettront
d'appliquer la « force » appropriée dans vos échanges avec vos
coéquipiers.

Un exemple de ce que peut provoquer un seul mot de trop.

Vous parlez à un équipier qui, par exception, semble saisir immédiatement le sens de votre directive.

Vous : *Eh bien, tu as enfin compris du premier coup ! C'est un beau progrès !*

Albert : *C'est peut-être parce que tu m'as enfin donné une directive claire !*

Vous : *C'est ça, on te félicite et tu prends le mors aux dents !*

Albert : *C'est toi qui montes sur tes grands chevaux... comme d'habitude !*

Vous : *Essaie de rester calme !*

Pourtant, votre intention était bonne et votre compliment, sincère. Alors, pourquoi avez-vous été si mal interprété, si mal reçu ? Ne cherchez pas la réponse au bas de la page ou à la fin du chapitre ; il suffit de relire attentivement la première réplique d'Albert, qui répète et utilise à son avantage votre mot superflu.

Combien de fois, depuis un mois, avez-vous dit à vos subordonnés des phrases telles que : « Ce n'est pas ça que j'ai dit ! », « Comment faudrait-il s'y prendre avec toi pour que tu cesses de chercher la petite bête noire ? », « Tu comprends tout de travers » ? Il suffirait pourtant de réfléchir une demi-seconde avant de parler. Pourquoi ne pas utiliser de temps en temps une clé dynamométrique « verbale » ?

Clarifier son penchant pour le défoulement

Les chefs d'équipe sont des gens vraiment étranges. D'abord, ils assument des responsabilités auprès du groupe, supportent un stress constant et reçoivent souvent des critiques peu justifiées. D'autre part, ils estiment qu'ils jouissent d'un certain crédit, qu'ils sont utiles et efficaces dans des conditions parfois difficiles. De plus, les superviseurs de premier niveau prennent plaisir à représenter le point de vue de leurs équipiers et à négocier avec les chargés de projet et les gestionnaires.

Pourquoi se surprendre alors qu'ils aient tendance à dépasser les bornes, surtout lorsque la pression se fait sentir sur plusieurs fronts à la fois : productivité, sécurité, échéances, etc. ? Les superviseurs en viennent très vite à réserver leurs petites politesses à leurs beaux-parents plutôt qu'à leurs coéquipiers. Pourtant, ils passent bien plus de temps avec leurs coéquipiers !

Les mœurs et coutumes du métier

Pour avoir entendu tant de conseils et tant de blagues sur la question de l'autorité, vous en êtes arrivé à croire qu'il est normal… de faire preuve d'autorité en tout temps. Vous ne laissez jamais passer une occasion de rappeler qui est le chef.

Nous acceptons presque tous d'utiliser des technologies et des procédés nouveaux, aussi bien par curiosité que par nécessité. Pourtant, il ne semble pas déplacé à bon nombre d'entre nous de recourir à des attitudes et à des comportements qui remontent au siècle dernier, tout simplement par habitude.

Cette pratique peut être particulièrement dangereuse dans certains cas précis, c'est-à-dire quand on a affaire à des équipes formées de gens d'expérience, à des groupes composés de gens possédant un niveau de scolarité élevé, ou encore à des groupes comprenant des hommes et des femmes. Pas besoin d'ajouter quoi que ce soit, vous avez compris qu'il reste très peu d'endroits où les mœurs du siècle dernier peuvent aujourd'hui être utilisées avec succès.

Le défoulement inconscient

À force d'encaisser sans broncher les petites frictions, vous en arrivez à croire que vous maîtrisez l'effet qu'elles ont sur vous. Pourtant, la friction ne disparaît pas du simple fait d'avoir été « encaissée ». N'importe quel menuisier vous dira qu'un plancher peut supporter un certain poids, jusqu'à ce qu'il craque... ou qu'il s'effondre. Considérez-vous comme normal qu'un plancher craque tout le temps ? Êtes-vous d'avis que les petits défoulements sont nécessaires ? Si oui, vous oubliez que ces petits défoulements ne font pas disparaître la friction, ils ne font que la transmettre à quelqu'un d'autre... qui en a peut-être déjà assez de son côté.

Pourquoi ne pas vous répéter la règle du « quatre pour un » ? Le mot ou le geste superflu émis par le superviseur sont captés par les deux oreilles et par les deux yeux de la personne visée. Imaginez maintenant que vous parliez en présence de huit coéquipiers fatigués qui ont les nerfs à fleur de peau !

Le coup de gueule plutôt que le coup de pied... ou le coup de poing

Le stress et les défis quotidiens peuvent brouiller votre vision d'ensemble, miner votre calme et émousser vos émotions. Vous trouvez qu'il est regrettable, mais nécessaire, de vous défouler. Superviseur habile, vous choisissez de le faire seulement à propos de questions de détail. Vous êtes persuadés que ces petits mots ou ces petits gestes, habituellement renvoyés à la fin de vos phrases, ne seront pas mal reçus. Après tout, vos coéquipiers savent bien que vous êtes le chef et que vous avez pour mission d'orienter les gens et de les remettre au besoin dans le droit chemin.

Pourtant, les coéquipiers d'aujourd'hui s'attendent à ce que leurs superviseurs exhibent davantage la force de leur caractère que la force de leurs bras ou l'élan de leurs bottes. Pourquoi ne pas relire, de temps en temps, le chapitre 1 intitulé « Conserver son calme... ou le retrouver ! » ?

Considérer l'état d'esprit de la personne à qui l'on parle

Votre stress est réel, tout autant que celui des gens avec qui vous travaillez. Vous considérez que le stress d'un superviseur serait plus grave parce que c'est celui d'une seule personne, alors que celui des équipiers est de nature collective ? Détrompez-vous ! Le stress est subi en groupe, mais vécu de manière individuelle. Une équipe de 30 personnes, ça fait 30 fois le même stress. Si vous ne l'avez pas appris à temps, vous l'apprendrez à vos dépens !

La nervosité « sismographique » des équipiers

Chaque membre de l'équipe perçoit le stress qui affecte son milieu de travail. Certains signes sont faciles à décoder, d'autres moins. On peut en énumérer quelques-uns : le gestionnaire qui arrive en marchant « un peu trop » rapidement, la superviseure qui examine « un peu trop » longuement une pièce ou un rapport, les équipiers qui discutent « un peu trop » bruyamment, le chef d'équipe qui répond « un peu trop » sèchement à une question anodine.

La pression provoquée par un seul propos ou un seul geste suffit rarement à affecter l'ambiance du milieu de travail. Cependant, tout employé, quelle que soit la place qu'il occupe dans la hiérarchie, est sensible à l'effet cumulatif des petites pressions. C'est comme si chacun avait en soi une sorte de sismographe émotionnel qui enregistrait les moindres mouvements d'humeur de son chef et des membres de son groupe... en les amplifiant considérablement. Une petite secousse suffit pour faire bouger considérablement l'aiguille.

Communiquer vite et bien

On est souvent tenté de considérer comme difficiles des choses qui sont en fait très simples. La véritable difficulté, ce n'est pas tant de guider les autres, mais plutôt d'orienter ses propres élans. Commençons par repérer nos petits mots de trop. Ensuite, évitons de les prononcer. Enfin, évitons même de les concevoir ! Dans les phrases suivantes, le mot en italique est visiblement superflu. Relisez-les à haute voix en retranchant ce mot et vous percevrez la différence.

1. Je vais *tenter* de tenir compte de ton idée.

2. C'est *assez* bien fait, pour un stagiaire comme toi.

3. Pourquoi *donc* veux-tu qu'on modifie la façon de procéder à la mise en marche ?

4. Je ne crois pas *du tout* qu'il soit bon de brancher la machine à ce moment-ci.

5. Te voilà arrivé, on peut *enfin* commencer !

6. Pourquoi prends-tu *toujours* les choses de cette façon ?

7. D'accord, *puisqu'il le faut !*

8. Je suis *très* surprise de ton attitude !

9. Je ne peux pas modifier ce plan sans consulter l'ingénieur, *voyons !*

10. Il ne faut pas que ton explication soit *trop* longue...

Il vous a semblé facile de découvrir les petits mots déclencheurs d'hostilité ? Tant mieux, dénichez vous-même les mots de trop dans les phrases suivantes !

1. Tout le monde doit être ici à 13 h 15, c'est compris ?

2. Vous devez toutes rétablir la situation !

3. Je veux bien accepter la raison que tu donnes pour expliquer ton retard...

4. Pourrais-tu au moins ranger les gros outils ?

5. As-tu encore oublié de régler la pression ?

6. J'agis comme je le fais, simplement parce que cela fait partie de mon travail de le faire.

7. Tu ne peux pas partir avant 15 h 30, point !

8. Je ne peux rien faire pour toi à ce moment-ci, rien !

9. Tu ne me prends pas au sérieux, ou quoi ?

Un peu moins facile ? Vérifier ci-dessous si vous savez appliquer la clé dynamométrique aux phrases que vous employez habituellement.

Réponses à l'exercice

1. *c'est compris*
2. *toutes*
3. *veux bien*
4. *au moins*
5. *encore*
6. *simplement*
7. *point*
8. *rien*
9. *ou quoi*

Sympathiser

*J'ai l'impression que trop sympathiser
encourage l'autre à se plaindre.*

Je suis superviseur, pas psychologue !

*Je comprends ton chagrin et je sais
que tu passes des moments difficiles.*

L'ouvrier habile choisit attentivement le type de papier collant qu'il utilisera en tenant compte de la surface à couvrir, du type de mur qu'il désire découper en peignant, de la durée pendant laquelle le papier gommé doit rester en place. Il examinera également le taux d'adhésion du ruban encollé. Désire-t-il une fixation permanente ou de plus courte durée ? Qui plus est, il peut maintenant recourir à des papiers collés qui peuvent adhérer solidement, puis être enlevés pour être réutilisés. Quelle idée brillante, un papier collant réutilisable ! ●

La prochaine fois que vous sentirez en vous de la sympathie envers un membre de votre équipe, pensez que vous êtes en quelque sorte ce papier collant qui adhère bien, mais qui peut être enlevé pour servir à nouveau. Si vous « collez » de trop près à un coéquipier, vous risquez de ne pas pouvoir vous en « décoller » sans déchirures quand le moment sera venu.

Nous touchons ici à un sujet très délicat, susceptible d'affecter quotidiennement les rapports de travail avec les membres de votre équipe : l'amitié entre un superviseur et ses coéquipiers. Autrement dit, la sympathie qu'il ressent pour eux. Devez-vous prendre vos distances et agir avec eux de façon froidement autoritaire ? À quel moment faut-il cesser de manifester de la sympathie ? Comment se comporter avec un équipier qui demande poliment, ou encore qui exige, que vous lui témoigniez de la sympathie ?

Si vous abordez la question des rapports professionnels sous l'angle de la sympathie, vous n'en sortirez jamais ! Ce mot représente une relation souvent trop « collante » pour être utile en milieu de travail. N'allez pas en conclure qu'il vous faudrait être implacable, rigide et impersonnel. Surtout pas, car dans ce cas votre travail de supervision deviendrait invivable. Vous pouvez cependant aborder le sujet d'une manière plus souple, plus équilibrée.

Voici un exemple de ce qui peut arriver quand un superviseur tente de faire preuve de sympathie.

La directrice vous informe que l'horaire de travail a été modifié pour s'accorder avec le passage, dans trois jours, d'un très important bailleur de fonds. Le superviseur présente le nouvel horaire qui s'appliquera dès le lendemain matin.

La superviseure Linda (un peu mal à l'aise) : *Écoutez, ça ne me plaît pas de vous dire ça, mais malheureusement l'horaire de travail doit être modifié pour tout le monde ; il sera même allongé pour les gens qui travaillent en fin de semaine.*

L'équipier Yvan (contrarié par le changement) : *Linda, tu m'avais promis que j'aurais congé samedi !*

Linda (exprimant sa sympathie) : *Écoute, je vais essayer de voir si je ne pourrais pas faire quelque chose peut-être pour toi…*

Yvan (soulagé) : *Je savais que je pouvais compter sur toi !*

Linda (sur la défensive) : *Mais je n'ai rien promis !*

Yvan (mi-soupçonneux, mi-agressif) : *Tu fais semblant de vouloir m'aider, ou bien quoi ?*

Linda (exaspérée) : *Je m'efforce de t'aider et tu en demandes toujours plus !*

Yvan (déçu) : *On ne peut pas dire que tu te forces beaucoup !*

Deux questions se posent ici :

1. Linda a-t-elle bien fait de dire que la nouvelle directive lui déplaisait ?

2. Pourquoi Yvan se montre-t-il si méfiant, même si Linda semble faire preuve de bonne volonté ?

Vous connaissez la réponse à la première question. La deuxième est un peu plus difficile à cerner. Revoyez attentivement la deuxième réplique de la superviseure Linda. Notez bien les mots suivants : « essayer », « pourrais », « peut-être », « quelque chose ». Vous avez ici toute une série d'hésitations et de demi-mesures. N'importe quel employé un tant soit peu perspicace s'apercevra immédiatement que vous voulez « avoir l'air de » l'aider, mais qu'en réalité vous ne ferez pas grand-chose. Voyons maintenant comment vous pourriez mieux vous en tirer la prochaine fois.

Clarifier la différence entre sympathie et empathie

Il faut d'abord différencier la sympathie de l'empathie. Le fait de con-fondre ces deux mots causera beaucoup de difficultés aux gens de bonne volonté qui voudraient établir une relation d'aide ou de soutien auprès d'un de leurs proches. Imaginez à quel point la chose peut devenir délicate quand un superviseur est appelé à intervenir auprès d'un coéquipier sur qui il doit exercer son autorité... pas facile !

La sympathie

« Moi » perçoit la situation et les émotions de « toi »
et se sert de « toi » pour parler surtout de « moi »

Nous sympathisons quand nous ressentons *personnellement* et *directement* les émotions de l'autre et quand nous adoptons *entière-ment* son point de vue. Un chef qui tenterait de sympathiser avec un équipier se plaignant des changements d'horaire en pleine période de production pourrait répondre : « Moi aussi, ça me dérange ! Je risque de perdre mon billet d'avion et de gâcher mes vacances. » Dans le fond, il se sert, inconsciemment dans ce cas-ci, de la frustration de l'équipier pour exprimer ses propres sentiments... au point d'oublier ce que l'équipier lui a dit. C'est ce que nous avons appelé plus haut du « détournement émotif ». En agissant ainsi, le chef se comporterait moins en ami qu'en concurrent.

Le mot sympathie est utilisé à trop de sauces, au point d'en perdre son sens véritable. Ainsi, pensez à deux utilisations rigoureusement correctes du mot sympathie.

- Un citoyen d'un pays envahi ne devrait pas avoir l'air de « sympathiser » avec l'ennemi. Un « sympathisant », c'est quelqu'un qui décide d'oublier (ou de camoufler ?) son allégeance, sa culture et souvent sa langue et sa religion, pour paraître amical avec l'ennemi.

- Dans le domaine de la vente et de la publicité, on peut vous accuser d'avoir fait de la publicité basée sur une attitude de fausse sympathie. Ceux qui s'adonnent à la vente sous pression se diront « de tout cœur avec vous » pour mieux vous escroquer par la suite.

Eh oui, sur le plan juridique, la sympathie a bien mauvaise réputation. Sur le plan personnel, on tend à lui donner une tout autre interprétation : sympathiser, c'est partager sans restriction les sentiments et les valeurs des autres. En tant que superviseur, vous êtes souvent confronté aux émotions et aux sentiments de vos coéquipiers. Vous pouvez parfois les partager, mais vous pouvez rarement les reprendre à votre compte sans les avoir auparavant examinés ou analysés.

Vous devez prendre de nombreuses décisions, transmettre des directives plus ou moins urgentes, appliquer de nouvelles normes plus ou moins souples, annoncer de bonnes et de moins bonnes nouvelles. On vous reprochera souvent de « manquer » de sympathie. C'est normal, car vous devriez manifester plus que de la sympathie, vous devriez manifester de l'empathie. Alors, lisez très attentivement ce qui suit.

L'empathie

« Moi » reconnaît la situation et les émotions de « toi »
**et aide « toi » à parler, à cheminer
sans ramener les émotions et opinions à « moi ».**

Ce dessin illustre une idée importante : l'empathie ne consiste pas à « ramener sur soi » les émotions de l'autre. Il s'agit plutôt d'« accompagner » l'autre et de l'« aider » dans son cheminement. Notez comment la flèche « moi » frôle la flèche qui désigne l'« autre » et remarquez également que la flèche « moi » s'arrête à un certain moment pour laisser plus de place à la flèche de l'« autre ».

Un chef capable d'éprouver de l'empathie prendra le temps d'écouter attentivement ce que lui disent ses coéquipiers, toutefois il évitera de les juger. Enfin, il sera affecté (mais non bouleversé) par les états d'âme de ses coéquipiers. La sincérité qui découle de l'empathie est souvent plus appréciée que celle qui résulte de la sympathie. Pourquoi ? Parce que l'équipier sent alors chez son superviseur une capacité d'écoute, un désir de soutien. Reprenons l'exemple du début.

La superviseure Linda (sur un ton calme) : *Ton horaire de travail pour la fin de semaine va être modifié. Il va falloir que tu fasses deux heures de plus ; pour les autres, ce sera trois heures de plus. On doit s'occuper de la commande de monsieur Untel, un bon client.*

L'équipier Yvan (vexé) : *Linda, tu m'avais promis que j'aurais congé samedi !*

Linda (exprimant son empathie) : *Je vois bien que ça te contrarie et que tu avais pensé faire autre chose. Nous sommes nombreux à trouver cela embêtant.*

Yvan (sur la défensive) : *Tu veux me faire passer auprès des autres pour quelqu'un qui n'est jamais content ?*

Linda (avec la même empathie) : *Je veux que tout le monde comprenne que ce contretemps durera trois jours... et que chacun ici subit la pression.*

Yvan (plus calme) : *Ouais, mon samedi est à l'eau...*

Linda (compréhensive) : *Pourquoi ne pas négocier avec un coéquipier qui préférerait avoir congé dimanche ?*

Yvan (intéressé, à une coéquipière) : *Diane, je voudrais te parler tout de suite !*

Analysons les différences entre les deux conversations :

1. Comparez la première phrase de Linda dans les deux scénarios. Dans le premier cas, elle utilise une série de mots hautement émotifs... qui suscitent à leur tour de fortes émotions. Dans le second cas, elle évite de mentionner ses propres émotions, mais elle reprend, en les respectant, celles des personnes concernées. Puis elle revient à son orientation de base.

2. Pourquoi Yvan s'est-il tout à coup davantage préoccupé de trouver une solution qui lui convienne plutôt que de continuer à rouspéter ?

L'empathie est un mode d'interrelation avec les autres qui ressemble sur certains points à la sympathie, mais en diffère par ailleurs passablement.

La sympathie	L'empathie
est basée sur l'expression des émotions et des valeurs	représente un équilibre entre les émotions de chacun, la situation et les objectifs communs
traduit une certaine complicité entre les personnes	exprime le fait que tous partagent la même responsabilité
est ancrée dans le présent	est orientée vers l'avenir
se concentre sur la réaction des gens	vise à une prise en charge
s'intéresse à une personne en particulier	s'intéresse aux personnes dans le cadre d'un groupe
reflète et compare les émotions du « je » et du « tu »	fait mention des émotions et les compare avec celles des autres membres de l'équipe
est souvent immédiate	se développe graduellement
est assez spontanée	relève plutôt de la raison
tend à comparer les émotions et à les orienter vers une relation interpersonnelle	tend à reconnaître les émotions qui vont vers une solution pratique et à les orienter dans ce sens
est une émotion dans laquelle la relation prime souvent sur le sujet	est une émotion dans laquelle la relation s'établit et se développe à l'intérieur d'un cadre bien précis

Considérer ces options et choisir

Notez bien que l'empathie n'est pas en soi meilleure que la sympathie. Ce serait se livrer à une généralisation à la fois incomplète et injuste. Chacun de ces modes d'interrelation possède une force et une logique qui peuvent s'avérer très utiles dans le cadre du travail. Devant un coéquipier qui vit un grave drame humain, vous pouvez manifester de la sympathie, pour aller ensuite vers une relation d'empathie. Devant un coéquipier qui refuse systématiquement de discuter de ce qui le préoccupe, vous pouvez exprimer votre sympathie en parlant avec lui d'autre chose que du travail (pour établir un rapport entre vous), et aller ensuite vers une relation d'empathie (pour l'aider à mieux percevoir ses émotions et à changer d'attitude).

Le milieu et les relations qui s'y tissent

Un personnage de l'auteure acadienne Antonine Maillet résume toute la question : « Le monde, y est pas comme qu'y est, y est comme qu'on l'wé ! » (Le monde n'est pas comme il est, il est comme on le voit.) La personne colérique perçoit avant tout les injustices commises... à son égard. La coéquipière jalouse conclut trop vite qu'on ne lui fait pas confiance. La personne souffrant d'insécurité interprète assez souvent les conseils comme des menaces. Le dépressif ne voit que des obstacles là où les autres apercevront de beaux défis.

Le schéma d'analyse

La perception que les gens ont de leur environnement et des relations qui s'y tissent constitue peu à peu un schéma d'analyse. Certains vous diront que ce schéma existe déjà et qu'il détermine la perception. Pour les superviseurs, ce débat revient à dire qu'ils doivent choisir entre blanc bonnet ou bonnet blanc.

La grande majorité des gens développent une façon de voir les choses qui correspond à leur tempérament (colérique, souffrant d'insécurité, fonceur, etc.). À cela s'ajoute l'influence de leur vécu, de leurs diverses expériences dans leur milieu familial, social et professionnel. Le superviseur sagace essaiera d'avoir une certaine idée de tout cela, non pas pour manipuler ses coéquipiers, mais afin de mieux comprendre leur point de vue.

Le point de vue exprimé

Une personne qui vous traite de « maudit fou ! » peut tout aussi bien vouloir vous insulter que vouloir vous témoigner son respect de manière joviale. Il suffit d'une intonation plus aimable, d'un clin d'œil, d'une référence à une solution innovatrice que vous avez imaginée pour résoudre un problème gênant. Dans ce cas, vous êtes enchanté du compliment.

Vous cherchez toujours à rétablir l'équilibre entre les mots, les gestes, le ton et l'attitude de vos coéquipiers. Ce qui paraît drôle à 9 h 30 peut sembler menaçant à 11 h 10. Bien des superviseurs écoutent les propos de leurs interlocuteurs de façon trop technique, trop rationnelle. Ils comprennent le sujet et l'intention de ce qui est dit… et ils y répondent de façon très claire. Leur réponse est souvent mal reçue et l'équipier se braque sur sa position initiale. C'est logique : il constate que vous avez écouté *son message*… mais pas *sa personne*.

Une question comme « Qu'est-ce qui se passe ? » n'est pas nécessairement hostile si elle vient d'une coéquipière colérique. Par-delà les paroles et le ton menaçants, il faut voir les choses de son point de vue : elle a peut-être été rabrouée sans motif et à répétition par son ancien chef, elle traverse peut-être en ce moment une série de difficultés dans sa vie privée, elle a peut-être entendu trois rumeurs perfides la concernant. Bref, ne laissez pas les mots embrouiller le message qu'on vous transmet. Cela vous paraît contradictoire ? Alors songez au dicton selon lequel « les arbres empêchent parfois de voir la forêt ». Écoutez vraiment *tout* ce qu'on vous dit.

Communiquer avec empathie

Bien des gens vous diront qu'il est plus facile de communiquer sur le mode de la sympathie. Ils ont raison, surtout en ce qui concerne les relations personnelles en dehors du travail. C'est plus facile, mais pas nécessairement plus efficace. D'autres vous diront que les méthodes habituelles peuvent être inutiles dans les situations inhabituelles. Si vous voulez explorer l'empathie, les exemples suivants vous seront utiles.

Écouter attentivement

En anglais, il y a une très belle expression : « Plus j'écoute, plus je deviens chanceux. » Ce que vous entendez peut orienter votre réflexion et vous aider à choisir les mots de votre réponse. Reportez-vous au chapitre 2 intitulé « Savoir écouter » pour avoir une idée plus complète de ce qui sera exposé ici. Vous avez toujours intérêt à vous concentrer sur le sujet et l'intention que recèlent les messages qui vous sont adressés. De plus, il est important de capter l'émotion prédominante du message et d'analyser le contexte dans lequel il est dit. Enfin, il ne faut pas oublier de tenir compte du langage non verbal de la personne qui vous parle. Tout cela vous semble lourd et compliqué ? Pourtant, un enfant de sept ans ne néglige aucun de ces éléments quand il écoute un de ses parents lui donner une directive ou lui faire un reproche.

Les phrases brutes	L'écoute attentive
C'est quoi cette modification de dernière minute, bande d'incompétents !	La colère est liée aux délais trop brefs exigés par la directive.
	La chose se produit peut-être trop fréquemment.
	L'employé veut être informé plus tôt ou de façon plus polie.
Vas-tu appuyer ma demande, cette fois-ci ?	L'employé manque de sécurité et voudrait être respecté davantage.
	Il a besoin de votre aide.
	Vous la lui avez déjà refusée, pourquoi ?

Accepter les émotions des autres sans les faire siennes

L'empathie, c'est l'art de percevoir et d'accueillir les émotions de l'autre... sans les prendre sur soi ou les amplifier.

Voici la situation : un coéquipier fatigué et stressé (parce qu'il organise mal son travail) implore votre indulgence. Vous pouvez tomber dans le piège de la sympathie ou utiliser l'empathie.

Une réponse sympathique : *Je pourrais être plus indulgent si tu t'organisais mieux ; ça m'ennuie de te dire encore une fois de mieux travailler et je sais que ça t'énerve. Alors, fais donc plus attention !*

Une réponse empathique : *Tu es visiblement stressé et ça m'inquiète pour des raisons de sécurité ; je serais heureux de t'aider à mieux organiser ton travail. Ça diminuera rapidement ta fatigue.*

Avez-vous noté comment la deuxième réponse aborde les émotions du coéquipier avec attention et respect, mais dans une approche de responsabilisation ? Avez-vous aussi noté que la seule émotion personnelle dont fait état le superviseur est positive (la fierté) ? L'équipier se sent « écouté et compris »… sans pour autant perdre de vue qu'il est l'artisan de son malheur actuel et de sa satisfaction future.

Verbaliser l'émotion et l'orienter

Poursuivons l'analyse de cet exemple. Examinons comment un superviseur empathique peut aider l'équipier de façon très personnelle, sans pour autant se comporter comme un « ami ». Lisez ce dialogue qui met en scène l'empathie responsabilisante.

L'équipier Marco : *Ce rythme de travail n'a pas d'allure, il va tous nous rendre fous !*

La superviseure Diane : *Je te sens nerveux et stressé, est-ce que je me trompe ?*

Marco : *Certainement pas ! Je suis toujours en train de courir à droite et à gauche !*

Diane : *Et tu voudrais pouvoir travailler de façon plus ordonnée, plus calme ?*

Marco : *Oui !*

Diane : *Est-ce que cela t'intéresserait d'examiner ta méthode de travail pour éviter de courir ?*

Marco : *J'ai pas le temps !*

Diane : *Si on pouvait te prouver que le temps, ça se crée, voudrais-tu en profiter ?*

Marco : *Comment ça, créer du temps ?*

Diane : *Je constate que cela t'intéresse. Fais donc la liste des choses qui te font le plus courir... et essaie d'imaginer trois solutions que tu pourrais appliquer sur ton lieu de travail sans recevoir d'aide extérieure. Et puis viens me voir avec ça demain avant de commencer à travailler.*

Vous constatez que Diane ne conteste pas les propos de Marco, sachant qu'il est inutile de contredire une personne stressée. De plus, elle accueille et met en mots l'état émotionnel de Marco (qui ainsi se sent compris). Elle évite cependant d'appuyer la position de son coéquipier. Cependant, elle part de son point de vue pour l'amener à réfléchir et à prendre des mesures correctives... qu'il doit lui-même découvrir. Présumons que la collaboration de Diane sera à la mesure de l'effort de Marco. Gageons que, s'il y a progrès, Diane fera à nouveau preuve d'empathie !

Accepter les limites de son intervention

L'empathie est une méthode de communication, pas une recette miracle. Vous pouvez utiliser la force respectueuse et responsabilisante de l'empathie si vous avez affaire à des coéquipiers polis ou impolis. Vous pouvez y recourir quand il s'agit de comportements agaçants. Mais vous ne devriez pas tenter d'intervenir avec empathie devant des comportements formellement interdits, des personnes visiblement déchaînées ou des situations de grande urgence. Il y a des limites.

Le superviseur avisé sait également reconnaître ses limites personnelles. Si vous avez peu ou pas de formation en psychologie, ne tentez pas d'appliquer des techniques dont vous avez entendu vaguement parler dans des revues ou des livres. Acceptez que la solution vienne d'autres que vous. Quand vous avez atteint vos limites ou quand vous jugez qu'il pourrait être dangereux d'intervenir, songez à d'autres pistes possibles :

• Recourir aux avis ou aux réprimandes.

• Envoyer l'employé au Service des ressources humaines.

• Lui proposer de rencontrer les intervenants du Programme d'aide aux employés de votre entreprise.

• L'inciter à consulter l'un ou l'autre service de soutien à l'extérieur de l'entreprise.

Rassurez-vous, quand vous envoyez un coéquipier à une personne qui est mieux placée pour intervenir efficacement, vous faites preuve de sagesse et d'humilité. Comme superviseur compétent et consciencieux, vous aurez su prendre vos responsabilités... et laisser aux autres le soin d'assumer les leurs.

Féliciter

C'est beau, continue !

*C'est du bon travail, je suis content de toi, si seulement
les autres en faisaient autant !*

*Ta solution est réaliste et elle montre que tu as un esprit imaginatif,
je te félicite ; les autres seront contents que tu aies réglé ça !*

Appliquer un beau vernis sur un meuble neuf exige un travail
soigné et méticuleux. C'est la troisième ou même la quatrième
couche qui fait toute la différence : elle donne un fini brillant,
satiné et durable. Si on en applique moins, cela pourra avoir
l'air assez réussi, mais vous saurez qu'il y manque la touche

finale, celle qui donnera envie de regarder, de toucher et de montrer le meuble aux amis.

De la même manière, si vous prenez la peine de féliciter un coéquipier, c'est parce que vous voulez mettre la touche finale à un acte, à un comportement, à une attitude, qui méritent une attention particulière. Ça vaut la peine d'y apporter un certain soin pour que ces félicitations aient un effet durable.

Certains superviseurs ou chefs d'équipe hésitent à féliciter un coéquipier, par crainte de voir leurs paroles mal interprétées. Imaginons qu'un mari dise à son épouse après le souper : « Le repas que tu nous as préparé était excellent ! » et que son épouse incrédule lui réponde du tac au tac : « C'est bien la première fois que tu le remarques, je gage que tu n'as pas plié le linge comme je te l'avais demandé ! » Pensez-vous que ce mari osera féliciter sa femme le lendemain ? Il y pensera certainement deux fois ! Il ne faut donc pas considérer les félicitations comme un vernis qu'on peut appliquer sans réfléchir.

Clarifier la différence entre féliciter et complimenter

Féliciter et complimenter diffèrent à bien des égards. Ils correspondent à des contextes distincts et sont émis pour des raisons différentes. Regardons cela de plus près. Le compliment, c'est une parole gratuite, née d'une réaction spontanée envers une personne avec qui nous entretenons une certaine complicité. Le compliment sert à flatter, dans le bon sens du terme, et à exprimer notre intérêt ou notre reconnaissance. Nous complimentons notre hôtesse pour un bon repas, un ami pour sa bonne humeur, notre amoureuse pour un vêtement qui lui va particulièrement bien, notre conjoint pour avoir apporté des fleurs. C'est un geste personnel posé dans un climat de confiance et d'intimité. Complimenter vise à plaire à quelqu'un qu'on apprécie.

Les félicitations représentent un commentaire réfléchi qui a pour but de souligner un fait précis (attitude, geste, comportement), digne d'une attention particulière. Vous les offrez quand de bonnes relations ont déjà été établies et elles servent à accroître la motivation de celui qui les reçoit et à stimuler son entourage. Nous félicitons notre fils parce qu'il a obtenu de meilleures notes en français, un employé pour avoir remis un travail à temps malgré un horaire chargé, un ami pour avoir gardé son sang-froid dans une situation difficile. Les félicitations « renforcent positivement » un comportement, un geste ou une attitude.

Considérer la force des félicitations habiles

Certains superviseurs ont peur de féliciter, car ils estiment que les employés ainsi distingués risquent de devenir prétentieux... ou paresseux. Ils sont convaincus que si on offre des louanges à quelqu'un, cette personne finira par avoir une opinion exagérée de ses capacités, ce qui pourrait causer toutes sortes de problèmes. D'autres superviseurs pensent qu'il est normal que les coéquipiers fassent leur travail correctement, puisqu'ils sont payés pour cela. Pourquoi serait-il nécessaire de le mentionner? Par contre, quand ces mêmes employés commettent des erreurs, alors il devient indispensable d'intervenir. Il y a aussi des superviseurs qui se servent des félicitations pour obtenir un service. (« Si je suis gentil avec toi, tu feras ce que je te demande. ») Si vous vous êtes reconnu dans ces descriptions, n'auriez-vous pas intérêt à changer d'attitude?

La force motivante

Féliciter représente un geste simple et très utile au maintien des bonnes relations avec vos coéquipiers. Ceux-ci font en général un travail de qualité, soutiennent le rythme malgré un environnement changeant et ils dépassent parfois vos attentes ou les standards. Pourquoi passer ces faits sous silence? Pouvez-vous imaginer que vous pourriez vous taire quand votre fille vous montre fièrement sa note en math, qui a augmenté de 10 points depuis le dernier bulletin ? Vous passeriez pour un père peu affectueux.

Offrez les félicitations qu'il faut quand il le faut et vous verrez que vos coéquipiers en seront plus motivés, plus créatifs et plus enclins à dépasser la norme. Ce geste qui peut vous sembler bien modeste a une grande valeur pour vos coéquipiers. Il montre que vous êtes attentif à leur travail et que vous savez apprécier leurs efforts. Cela compte plus que la petite tape dans le dos pour encourager. La qualité de vos rapports humains avec vos coéquipiers leur permettra de performer au-delà de la norme généralement acceptée.

La force pédagogique

Vous avez un coéquipier curieux d'apprendre et qui aime prendre des initiatives. Il trouve des solutions concrètes pour régler les problèmes, il cherche à améliorer ses méthodes de travail. C'est bon pour l'équipe et c'est bon pour vous. Montrez-vous reconnaissant et toute l'équipe appréciera votre sens des priorités. On verra en vous un superviseur ou un chef d'équipe attentif, qui apprécie particulièrement les coéquipiers qui ont à cœur la qualité de leur travail.

Si vous négligez de souligner les gestes créatifs d'un coéquipier, celui-ci pourrait perdre son enthousiasme et cesser de prendre des initiatives. Votre tendance à lui donner peu de feed-back causera à long terme une perte d'enthousiasme chez tous vos coéquipiers. Ils seront de moins en moins portés à vous épater. Ils mettront en doute le bien-fondé de toute tentative de créativité. Vous passerez pour un superviseur indifférent, incapable de reconnaître le potentiel de ses coéquipiers. Faites donc un petit effort, laissez de côté vos idées préconçues concernant les félicitations. Donnez à vos équipiers le goût de développer leur potentiel et de démontrer leur intérêt pour leur travail en soulignant leurs bonnes idées par des félicitations bien tournées.

Communiquer ses félicitations

Préparez-vous à mettre en pratique l'art de féliciter sans commettre d'erreur. Vous pouvez le faire avec assurance et efficacité si vous tenez compte des quelques points suivants.

Agir rapidement

Quand un chien obéit correctement et rapidement à un ordre de son maître, ce dernier flatte gentiment l'animal. Ainsi, le chien établit un lien entre obéissance et affection et cela lui donne envie de faire à nouveau plaisir à son maître. Bien des équipiers aimeraient qu'on les traite aussi bien que les chiens! Alors, pourquoi attendre longuement lorsqu'un coéquipier fait un bon coup? Agissez promptement! Remettre cela à plus tard sera mal interprété, vous passerez pour quelqu'un qui hésite à faire un geste simple et positif. Vous préférez trouver le «bon moment», vous faites erreur, le «bon moment», c'est le plus rapidement possible. Si vous remettez votre intervention à plus tard, votre coéquipier se demandera pourquoi vous avez mis tant de temps pour réagir. Aviez-vous peur de sa réaction? Est-ce si difficile?

Être précis

Des félicitations qui portent vaguement sur des sujets généraux («Tu fais du bon travail», «Tu es un bon ouvrier») auront peu d'effet sur la motivation de votre coéquipier. C'est mieux que ne rien dire du tout, mais si vous voulez vraiment stimuler votre coéquipier, vous gagnez à souligner quelque chose de précis: une tâche, une performance, une responsabilité ou un comportement particuliers. Mettez de côté les généralités; vos coéquipiers s'attendent à plus de précisions de votre part. Vous connaissez leur travail, ils veulent que vous le leur démontriez.

Quelques exemples.

Marcel, je te félicite, ton rapport est clair et complet.

Julien, je te félicite, tu as su garder ton calme devant ce client agressif.

Madeleine, je te félicite, tu as réparé la machine plus vite que je le pensais.

Être bref

Si vous vous éternisez durant vos félicitations, vous aurez l'air de quelqu'un qui veut flatter. Vous aurez oublié l'objectif des félicitations. Lorsque vous appliquez la quatrième couche de vernis sur le dessus d'une table, c'est plus court que la première couche, si vous avez bien sablé et nettoyé avant de commencer. Féliciter quelqu'un prend quelques secondes, au plus une minute.

Féliciter publiquement

Pourquoi vous enfermer dans votre bureau pour faire des félicitations ? Vous n'êtes pas obligé, non plus, de rassembler tous les coéquipiers sur la place publique pour faire des félicitations à l'un d'entre eux... sauf si les faits à souligner sont exceptionnels. Cependant, arrangez-vous pour qu'il y ait au moins quelques témoins. Un coéquipier est toujours content que vous preniez le temps de souligner son bon travail et il souhaite que les autres en aient connaissance. Les gens qui auront entendu le commentaire diffuseront la nouvelle rapidement ; tout le monde le saura !

Faire profiter toute l'équipe des félicitations

Les félicitations sont une forme de renforcement positif. Les êtres humains recherchent généralement les renforcements, qu'ils soient négatifs ou positifs. Ils ont donc tendance à faire ce qu'il faut pour en obtenir. Quand vous renforcez positivement un comportement particulier, la personne concernée voudra reproduire ce comportement pour recevoir à nouveau du renforcement. Profitez de ce penchant naturel ! Trouvez une manière pour que les autres coéquipiers aient aussi envie de recevoir vos félicitations. Vous ferez d'une pierre deux coups : motiver à la fois votre coéquipier et ses collègues.

Quelques exemples de renforcement pour les témoins.

Marcel, je te félicite, ton rapport est clair et complet, **les autres pourront s'en servir immédiatement en toute confiance.**

Julien, je te félicite, tu as su garder ton calme devant ce client agressif et tu l'as écouté avec respect, **tout le monde apprécie cette belle retenue.**

Madeleine, je te félicite, tu as réparé la machine plus vite que je le pensais, **les autres te remercient certainement de pouvoir maintenir l'horaire.**

Transmettre une directive sans mauvaise surprise

Veux-tu me remettre le rapport ? J'en aurais besoin.

Faudrait que tu trouves une façon de résoudre ce petit problème.

Fais-moi un bref rapport verbal de la situation juste avant de commencer la troisième étape.

À regarder des roues d'entraînement, on s'aperçoit qu'un rouage en fait tourner un autre, transmettant ainsi la force et le mouvement à l'ensemble de la machine. Pas besoin d'avoir une grosse roue pour faire bouger un objet lourd, un petit engrenage peut souvent suffire. On obtient des résultats impressionnants... avec un effort modeste. Le superviseur est un petit engrenage dans toute la structure d'une entreprise.

Pourtant, ses décisions et ses demandes ont souvent un impact important sur les objectifs prévus. Celles-ci gagnent à être précises pour obtenir les résultats recherchés.

●

Vous transmettez parfois une directive à un coéquipier de façon plutôt floue, en pensant lui donner ainsi toute la latitude possible. Vous voulez éviter le sentiment de brusquer l'autre ou de vous imposer... Seulement, ne soyez pas surpris si l'employé ne respecte pas les délais ou les procédés établis et que le résultat soit différent de celui que vous vouliez.

Exemple de directive floue.

(Le matin)

Alain, superviseur : *Faudrait que tu fasses l'inventaire des ballots de coton.*

Charles, équipier : *O.K. Je m'en occupe.*

(À la fin de l'avant-midi)

Alain, superviseur : *Eh ! Tu n'as pas fait ce que je t'ai demandé ? C'est important pourtant !*

Charles, équipier : *Tu ne m'as pas dit que je devais faire ça pour ce matin. Moi, j'avais prévu faire ça cet après-midi, tout de suite après le dîner !*

Deux questions apparemment simples, mais lourdes d'implications :

1. Si c'était important que ce soit fait le matin même, lequel des deux avait la responsabilité de donner cette précision ?

2. Comment Charles pouvait-il savoir qu'Alain voulait le travail pour la fin de l'avant-midi ?

Clarifier votre position dans l'engrenage

Même si votre rôle représente un petit engrenage dans toute la structure de votre entreprise, vous êtes un rouage de l'autorité. L'autorité a un caractère formel. Elle est basée sur des règles et des processus ou sur la convention collective. La direction de votre entreprise met à votre disposition des règlements très précis sur lesquels vous appuyez vos décisions. Cela vous donne un statut et un pouvoir que vous n'avez pas à gagner. Vous n'avez donc pas à vous servir des règlements comme de recettes toutes faites qu'on applique abusivement sans réfléchir. Une approche « ouverte » vous donne de la crédibilité auprès de vos coéquipiers et crée un meilleur esprit de collaboration.

Le droit de décider

Votre position de superviseur vous donne le droit de décider ce qui doit être fait. Cependant, tout est dans la manière. Vous avez sûrement déjà entendu un superviseur affirmer à un de ses coéquipiers : « Tu fais comme j'ai dit, c'est moi qui décide ici ! » La phrase est claire, mais le ton risque de causer une résistance, ce qui serait tout à fait normal. Si vous appliquez ce droit sans jugement, vous créerez des problèmes. On vous écoutera « en face », mais on grognera « par derrière ». Cette méthode de transmettre une directive peut être utilisée dans les cas extrêmes, mais une approche générale fondée sur la collaboration aura plus de répercussions bénéfiques pour l'ensemble de l'équipe. Vous voulez un travail d'équipe... et non une mutinerie.

Le droit d'obtenir l'obéissance

Comme superviseur, vous avez le droit de vous attendre à ce qu'on vous obéisse. C'est grâce à votre autorité que vous pouvez imposer des mesures disciplinaires dans le cas du non-respect des règles. Mais dans la pratique générale, il est inutile de souligner votre droit à l'autorité. Vous avez déjà entendu cela aussi : « Écoute, tu fais ce que je demande... et si tu fais à ta tête, je vais mettre une note à ton dossier. » Croyez-vous qu'une telle réplique impose le respect et suscite la collaboration ? Le coéquipier fera ce qui est demandé, mais ne comptez pas sur lui pour vous dépanner en cas de besoin ! C'est à vous de décider si vous dirigez une troupe de soldats ou une équipe. Il vaut mieux mettre votre droit d'autorité en réserve en vue des cas difficiles.

Considérer la « force » nécessaire pour donner des directives

Faisons un exercice. Pensez à une directive que vous pourriez avoir à transmettre bientôt. Imaginez une situation précise ou, mieux, une directive importante, mais que vous hésiteriez à transmettre. Posez-vous les questions suivantes.

Ai-je une idée **claire** de ce que je veux transmettre comme directive ?

Je pense que oui ❑   Il le faudrait bien ❑   Tout à fait ❑

Est-ce **important** de suivre la procédure ?

Pas vraiment ❑   Pas du tout ❑   Oui, c'est sûr ❑

Faut-il que le travail soit fait à une heure **précise** ?

Ce n'est pas pressant ❑   Pourvu que ce soit fait pour demain ❑   C'est sûr ❑

Est-ce **prioritaire** ?

Pourvu que ce soit fait ❑   Il faut s'occuper de ça en premier ❑   Ça peut attendre ❑

Est-ce qu'un léger **retard** peut causer des problèmes ?

Pas trop ❑   Oui, mais sans conséquence pour moi-même ❑   Oui, et ça va me causer du tort ❑

Ces questions vous donnent-elles une idée plus claire de ce que vous voulez et de la manière dont vous devez procéder ? Continuez à y réfléchir.

Savoir ce qu'on veut

Pouvez-vous imaginer un sergent demander à ses soldats d'aller au front en leur disant : « Écoutez, il faudrait que vous avanciez et que vous tiriez sur quelques individus ; allez-y quand vous serez prêts, je vous fais confiance. » On s'attendrait plutôt à ceci : « Allez-y, les gars, faites votre boulot... Foncez!» Vous voulez obtenir ce que vous demandez... alors soyez clair et convaincant. Et sachez que pour convaincre, il faut soi-même être convaincu...

Communiquer... sans grincement

Maintenant que vous avez une idée claire de ce que vous voulez, transmettez votre directive. Décrivez le plus précisément possible et en termes simples la tâche demandée. Précisez les étapes à franchir ou la procédure à suivre si vous le jugez important ou pertinent. Indiquez les critères qui vous permettront d'évaluer la qualité du travail. Déterminez l'échéance le plus précisément possible (en évitant des tournures telles que «quand tu auras le temps», «le plus vite possible», etc.), sauf si l'échéance a vraiment peu d'importance. Si la tâche demandée exige une certaine forme de suivi, dites comment vous comptez le faire. Si vous allez vérifier le travail sans vous annoncer, votre équipier aura l'impression que vous doutez de ses capacités ou de son potentiel. Certaines personnes détestent la visite inattendue de leur superviseur, car elle est perçue comme un manque de confiance. Et vous qui pensiez témoigner votre appui!

Vous rappelez-vous la demande floue d'Alain à Charles? Alain voulait que Charles fasse l'inventaire des ballots de coton. La démarche avait quelques faiblesses. Essayons une autre stratégie : la clarté.

Un exemple de directive claire faite par Alain.

Charles, va faire l'inventaire des ballots de coton et utilise le formulaire d'inventaire en deux copies. Va voir Georges, il va te le donner. Fais attention de tout vérifier, les numéros de lots doivent être séparés les uns des autres. Laisse la deuxième copie à Georges quand tu auras fini, il y jettera un coup d'œil avant que tu me l'apportes. J'en ai absolument besoin avant 11 h, pour ma réunion de production.

1. Alain a-t-il donné toutes les informations nécessaires?

2. Charles sait-il clairement ce qu'on attend de lui?

3. Alain prendra-t-il le temps de répéter ou de préciser sa directive? (Dites oui!)

Regardons en détail chacun des aspects de cette directive.

Tâche à réaliser	L'inventaire des ballots de coton
Procédure	L'utilisation du formulaire en deux copies
Critères de qualité	La vérification faite, les lots séparés les uns des autres
Échéance	11 h
Suivi	Le coup d'œil de Georges

Comme vous le voyez, le superviseur demeure calme et poli. Sa directive est claire, simple et contient toutes les informations nécessaires pour que Charles effectue le travail selon les règles établies et qu'il respecte l'échéance. Alain met toutes les chances de son côté pour obtenir son rapport à temps et, surtout, comme il le veut... peu de risques d'avoir de mauvaises surprises !

C'est à votre tour d'essayer. Pensez à une directive que vous avez à transmettre à un de vos équipiers et inscrivez les informations utiles ou pertinentes dans le tableau ci-dessous.

Tâche à réaliser	
Procédure (ou étapes)	
Critères de qualité	
Échéance à respecter	
Méthode de suivi	

Vous êtes maintenant prêt à transmettre votre directive. Faites-le en tenant compte des informations précédentes. Vous verrez, cet exercice de réflexion et de précision en vaut la peine !

Déléguer sans diminuer son autorité

Remplace-moi, je dois aller à ma réunion de production.
Je compte sur toi.

Veux-tu me faire l'horaire des employés pour la semaine prochaine,
je n'ai pas le temps de m'en occuper ?

Prépare-moi la commande d'achat 147-B,
pour le menu de la semaine, je la veux sur mon bureau à 11 h.

Une agrafeuse à pression, ça vous fixe solidement et instanta-nément une languette de bois à presque n'importe quoi... même à du béton. Il suffit d'utiliser une agrafeuse de qualité et d'y insérer des broches de la longueur nécessaire. La force vient de l'outil et non de la main qui le tient. C'est la même chose quand on délègue, pas besoin de beaucoup de force; il faut seulement avoir le bon outil et utiliser celui-ci correctement. ●

Un superviseur hésite quelquefois à déléguer en invoquant un tas de raisons qui semblent bonnes. Vous avez probablement entendu des commentaires comme ceux-ci: «La dernière fois que j'ai délégué une tâche, ç'a été difficile et ça m'a causé des problèmes» «Ce ne sera pas fait selon ma méthode et il faudra que je refasse tout le travail» «Je sais parfaitement comment faire et si je l'explique, ça va prendre un temps fou.» Une délégation ratée a souvent pour cause un manque de suivi ou un manque de clarté dans la communication de la part du responsable.

Un exemple de délégation ratée.

Paul, superviseur: *Veux-tu faire mon rapport de production à ma place?*

Nicole, coéquipière: *J'ai jamais fait ça, ça me semble compliqué, je risque de faire des erreurs et tu seras obligé de recommencer.*

Paul, hésitant: *Ouais, t'as peut-être raison, je suis mieux de le faire moi-même.*

Question: Pourquoi Nicole s'en est-elle si bien sortie?

Clarifier ses résistances devant la délégation

Vous avez la chance ou la possibilité de déléguer des tâches à vos coéquipiers, mais gageons que vous pourriez le faire plus souvent. Vous êtes-vous demandé quelles étaient les véritables raisons de votre hésitation? Tenez-vous pour acquis que la délégation est bonne pour les autres superviseurs et pas pour vous? Vous faites bien votre travail, vous le connaissez sur le bout des doigts et personne ne s'en est plaint jusqu'à maintenant! Regardons de plus près pourquoi, en général, on est réticent à déléguer.

La recherche de la perfection

Vous croyez peut-être que votre méthode est la seule acceptable. Vous présumez que les gens autour de vous n'ont ni l'expérience ni les capacités de faire les choses aussi bien que vous. Malgré vos bonnes paroles et vos beaux compliments, vous avez une confiance plutôt limitée en vos équipiers. Plutôt que d'essayer de changer cette perception, vous avez tendance à déléguer le moins possible ou, si vous le faites, c'est sans grande conviction. La personne qui reçoit cette délégation ressent votre manque de conviction et de confiance et elle entreprendra la tâche sans enthousiasme ni créativité (« Pourquoi me donner à fond ? De toute façon, ce ne sera pas assez bien pour ce chef d'équipe ! »). La situation semble sans issue : le coéquipier fait un effort minimal, vous êtes partiellement satisfait et... convaincu que déléguer n'apporte trop souvent que des ennuis ou des désagréments. Allez-vous ensuite vous plaindre à vos collègues que vos coéquipiers ne sont pas très dynamiques ou performants ?

La peur de perdre sa place

Vous ne vous sentez pas très sûr de votre position (« Si je délègue, mon coéquipier va s'imaginer qu'il peut faire ma job ! »). Vous avez travaillé dur pour en arriver où vous êtes et ne voulez surtout pas qu'un jeunot prenne votre place. Vous préférez garder pour vous les trucs du métier et passer vos journées à « éteindre les feux ». Vous plaignez-vous ensuite de ne pas avoir suffisamment de temps pour faire votre travail correctement ou pour déposer votre candidature à des postes supérieurs ?

Le mauvais souvenir d'une expérience ratée

La dernière fois que vous avez essayé, tout a mal tourné. Comment savoir si cette fois, cela réussira ? Il est bon de conserver de mauvais souvenirs, mais seulement dans le but d'apprendre à mieux faire les choses et d'être content lorsque vous faites un bon coup. Devant un l'échec, demandez-vous simplement pourquoi cela n'a pas réussi et tâchez de faire mieux la prochaine fois. La responsabilité se partage.

La peur de perdre du temps

Il est important de mettre le temps nécessaire pour expliquer une nouvelle tâche à un coéquipier, si vous voulez que celle-ci soit bien faite. Cependant, il suffit de le faire correctement **une fois** en utilisant des mots simples et de vérifier ensuite si l'autre a bien compris. Peut-être avez-vous du mal à donner des explications. Avez-vous de la difficulté à trouver les mots justes ? Voudriez-vous que votre vis-à-vis comprenne tout du premier coup ? Exercez-vous en commençant à déléguer des tâches simples ou répétitives. Lisez la suite du chapitre pour connaître les trucs en la matière. Vous verrez, c'est faisable, il suffit d'un petit effort conscient. Vous pourrez ensuite passer à des tâches plus complexes. Vous direz moins souvent : « Je n'ai pas de temps à perdre, alors écoute bien ! »

Considérer les forces de la délégation

Déléguer signifie confier clairement à quelqu'un une de vos tâches pour une période prédéterminée. Cette personne doit cependant posséder les compétences et l'attitude requises pour effectuer la tâche déléguée. S'en remettre à une personne qui n'est pas qualifiée n'est pas déléguer, c'est abdiquer ou se débarrasser. Une délégation efficace suppose que votre coéquipier et vous y gagnez au change. Voyons ce qu'apporte la délégation.

Gagner du temps

Vous vous plaignez souvent de manquer de temps et que les journées de travail ne sont pas assez longues. Si vous confiez quelques-unes de vos tâches, vous gagnez du temps. Vous pouvez en profiter pour effectuer des tâches qui attendent depuis longtemps, pour travailler à un projet éternellement mis de côté ou pour organiser une discussion avec d'autres chefs d'équipe afin de trouver des façons d'améliorer le travail. Vous pouvez aussi en profiter pour suivre des cours (constamment remis à plus tard) en vue de développer votre potentiel au sein de votre entreprise.

Se concentrer sur les tâches importantes

Combien de fois avez-vous terminé votre journée en disant : « À cause de tous les petits problèmes que j'ai dû régler, je n'ai fait que le tiers de ce que j'avais prévu » ? Vous prenez votre tâche de pompier au sérieux, vous êtes un professionnel ! Mais aviez-vous vraiment à éteindre vous-même tous ces feux ? Personne sauf vous ne pouvait le faire ? Faire preuve d'un peu d'humilité et de confiance envers ses coéquipiers rend la journée plus légère et productive. Confiez certaines de vos tâches et gardez pour vous les violents feux de forêt. Vos coéquipiers peuvent probablement s'occuper des petits feux, si vous leur en laissez la chance et la possibilité.

Améliorer les compétences des membres de votre équipe

Certains de vos coéquipiers veulent développer leur potentiel et aiment relever de nouveaux défis. Vous pouvez les aider à atteindre ces objectifs et participer à leur développement tant professionnel que personnel. En déléguant certaines de vos tâches, vous faites d'une pierre deux coups : les équipiers, s'ils sont choisis judicieusement, seront plus compétents… et plus motivés. Vous pourrez vous vanter de cet accroissement des compétences ainsi que des résultats atteints par votre équipe, car vous en serez en grande partie responsable. Un coéquipier qui obtient une promotion grâce à votre appui et à votre confiance vous en sera reconnaissant. Toutefois, préparez-vous à susciter l'envie et l'incrédulité chez certains de vos collègues moins ouverts à la délégation !

Prouver votre reconnaissance

Il fut une époque où le travailleur n'était considéré que comme « des bras et des jambes ». Un employé d'une usine dit un jour à un collègue : « Moi, je laisse mon cerveau dans le coffre à gants quand j'arrive à l'usine, je n'en ai pas besoin ! » De plus en plus, les travailleurs veulent mettre à profit leur intelligence et leur potentiel humain et professionnel. Aidez vos coéquipiers en ce sens en leur démontrant votre reconnaissance envers leurs capacités : sortez-les de la routine et donnez-leur plus de responsabilités. Vous verrez, leurs cerveaux fonctionnent très bien !

Communiquer l'information sur la délégation

Si vous n'utilisez ni les bonnes agrafes ni la bonne agrafeuse pour fixer une languette de bois à un meuble, vous raterez votre coup. Direz-vous que c'est l'outil qui ne vaut rien ? Pourquoi votre coéquipier serait-il le seul responsable de votre délégation ratée ? Appliquez les quelques règles qui suivent et analysez vos résultats.

Donner une échéance claire

Évitez de donner des échéances vagues, sujettes à interprétation et que le coéquipier pourra reporter : c'est une partie de votre travail que vous confiez ! Voici des exemples :

« De 11 h à 12 h » plutôt que « une partie de l'avant-midi ».

« Pour demain matin, 11 h » plutôt que « pour la fin de l'avant-midi ».

« Pour vendredi 16 h » plutôt que « pour la fin de la semaine ».

Décrire la tâche et les responsabilités

Quand vous confiez une de vos tâches, vous en gardez la responsabilité. Décrivez-la clairement en utilisant des mots simples. Votre équipier ne connaît pas toutes les facettes de votre travail.

« Remplace-moi pendant que je vais à ma réunion de production, règle les petits problèmes courants, mais si ça dépasse les standards, appelle-moi sur mon téléavertisseur et je viendrai. »

« Prépare l'horaire des employés de la semaine prochaine. Utilise l'horaire de la semaine dernière pour te guider. »

« Prépare la commande d'achat pour le menu de la semaine prochaine. Fais des substitutions si tu trouves des aliments à prix réduit. »

Établir les normes de rendement

Si vous voulez que votre équipier sache si son travail est bien fait, donnez-lui des normes de rendement, c'est-à-dire celles sur lesquelles vous vous basez pour évaluer la qualité de son travail. Poursuivons les exemples :

« Divise le travail également entre les employés. »

« Arrange-toi pour que personne ne fasse d'heures supplémentaires. N'oublie pas que Michel ne peut pas travailler vendredi. »

« Base les quantités des achats pour les repas sur la moyenne des achats des trois dernières semaines. »

Décrire clairement la méthode de suivi et de feed-back

C'est à vous de décider quelle liberté d'action vous donnez à votre équipier. Fondez votre jugement sur l'importance de la tâche et sur la compétence de votre équipier. Faites des vérifications avant l'échéance si la tâche est importante ou si l'équipier n'a pas l'expérience nécessaire. Votre coéquipier souhaite connaître sa marge de manœuvre et savoir à quel moment vous comptez vérifier son progrès. Comme nous l'avons dit précédemment, si vous vous présentez à lui sans préavis, vous semblerez douter de sa compétence. Vous ferez comme la maman qui va offrir des friandises à sa jeune adolescente installée au sous-sol avec son nouveau petit ami ! Votre rôle est de rassurer votre coéquipier (et non de l'espionner) et d'obtenir les résultats attendus. Quelques exemples de suivi :

Pour un coéquipier expérimenté et qui a beaucoup de potentiel :

« **Fais ce qu'il faut**, je te fais confiance, tu me feras un rapport à mon retour. »

Pour une coéquipière qui a moins d'expérience et qui fait preuve d'initiative :

« **Quand tu auras terminé la première étape**, montre-moi ça et je déciderai si c'est correct. »

Pour un coéquipier qui a du jugement et qui veut apprendre :

« **Fais-moi tes propositions** sur les changements à apporter et je prendrai une décision. »

Le suivi est essentiel à la réussite d'une délégation. Faites l'analyse, après coup, d'une délégation ratée et vous remarquerez que le suivi est souvent absent ou déficient. Croyez-vous que ces conseils fonctionnent seulement quand tout va bien ? Si tel est le cas, lisez le chapitre 15 « Encaisser un échec ». Vous verrez que la délégation est une activité de choix pour développer son talent de correcteur d'échecs !

Dire « non » sans offusquer

*Pas question, t'avais juste à pas me demander ça
à la dernière minute !*

*Si ça avait été de moi, j'aurais dit oui, mais je ne peux rien faire.
C'est une décision d'en haut.*

*Je ne peux pas te donner congé demain, nous sommes en manque de
personnel ; ce serait possible la semaine prochaine, si ça te convient.*

Quand une ouvrière tente de couper un tuyau, elle peut en
premier lieu choisir une scie à métal électrique. Ce puissant
outil permet de faire une coupe rapide à l'angle désiré. Tout
semble parfait, en théorie. Toutefois, son patron peut
intervenir et lui interdire d'utiliser cet outil, parce qu'il y a

risque de surchauffe du métal. Le vétéran connaît mieux que sa nouvelle employée les normes de qualité et la marge de risque qu'on peut autoriser. Il évitera évidemment de dire « Pas question ! » de manière sèche ou agressive, parce qu'il sait que la jeune employée est de bonne foi. Que fera-t-il ? Gageons qu'il déterminera immédiatement le moment propice pour intervenir. Si l'employée se prépare lentement, le patron pourra intervenir de manière subtile ; mais si l'employée est sur le point de commencer, il sera plus bref dans sa manière de dire non. Et l'employée ? Comment prendra-t-elle ce non, surtout dans le deuxième cas ?

Si un superviseur dit non sans raison valable, la coéquipière visée sera à juste titre blessée dans son amour-propre... et considérera qu'on met en doute sa compétence. Le chef d'équipe en question n'est pas sexiste... il manque de tact. ●

Un exemple de la réaction devant un non trop sommaire.

Le superviseur Tshimango est très préoccupé par un problème de sécurité. Une jeune équipière arrive en courant pour demander une permission qui lui semble anodine.

L'équipière Josée (poliment) : *Je peux aller à la réception deux minutes ? J'attends une nouvelle importante de la part de ma fille qui est à l'hôpital.*

Le superviseur Tshimango (trop occupé pour avoir bien écouté) : *Non, plus tard !*

Josée (déçue, mais ferme) : *Comment ça, non ? Tu es bien bête tout à coup !*

Tshimango (sans regarder Josée) : *Je ne suis pas bête, je suis responsable, et toi ?*

Josée (déçue, mais ferme) : *Tu n'es pas bête, tu es cruel et je vais me plaindre à la direction !*

Tshimango (toujours concentré sur son travail) : *Calcule bien tes chances...*

Deux « détails importants » sur lesquels ce superviseur devrait réfléchir :

1. Comment un équipier reçoit-il un refus sec sans même que son chef le regarde ?

2. Est-ce la santé de l'enfant ou l'attitude du superviseur qui pousse Josée à se plaindre ?

Un équipier masculin aurait eu la même réaction que Josée. Les valeurs et les émotions se ressentent de façon à peu près identique chez les femmes et les hommes, mais la façon de les démontrer (ou de les cacher) est différente. Un superviseur habile notera l'état émotionnel de l'équipier, prendra le temps de donner au moins une raison (même très brève) et, le cas échéant, suggérera une autre méthode ou un autre outil mieux adaptés à la situation. Dans l'exemple du tuyau à couper, le superviseur peut proposer d'utiliser un coupe-tuyau, outil plus lent que la scie à métal et qui crée moins de friction et de chaleur. Dans l'exemple de Josée, le superviseur croit avoir réglé la chose en 10 secondes ; il vient pourtant de mettre en branle un processus de grief qui va lui faire perdre des heures... et des plumes !

Par ailleurs, bien des superviseurs craignent de dire non, ce qui peut nuire grandement au bon fonctionnement de l'équipe.

Clarifier son hésitation à dire non

La peur de ne plus être aimé

Il est normal de chercher à être aimé des gens qui nous entourent, surtout dans les relations familiales et personnelles. Au travail, vous pouvez désirer l'amitié profonde des équipiers, mais vous devez surtout rechercher leur respect. Un bon superviseur est apprécié pour son jugement, pour son professionnalisme et pour son sens de la justice. Tant mieux si l'amitié s'y greffe. Mais cela n'a rien à voir avec l'amour. Un chef d'équipe qui souhaite avant tout d'être aimé met trop d'accent sur les sentiments et oublie sa fonction et sa position dans l'entreprise. En refusant une demande d'un coéquipier, vous serez peut-être moins « aimé », mais vous aurez l'assurance d'avoir pris vos responsabilités au sein du groupe que vous dirigez et de l'entreprise qui vous a embauché.

La peur de provoquer la colère

Il se peut que votre coéquipier soit choqué par votre refus. Vous ne pouvez pas toujours accéder à toutes les demandes qui vous sont faites. Vous devez tenir compte de diverses contraintes et des directives imposées par la direction de votre entreprise. Un coéquipier frustré parce que vous lui avez refusé quelque chose sera peut-être déçu ou fâché pendant un certain temps. Un chef d'équipe habile comprend qu'un équipier puisse bougonner quelques minutes et être moins jovial pendant une partie de la journée, à la condition, cependant, que cela ne soit pas perçu par les clients.

Cependant, si vos raisons sont justifiables, votre non passera. La personne visée acceptera avec le temps que votre décision est fondée sur des arguments solides et que cela ne signifie pas que toute demande sera automatiquement refusée.

La peur de susciter la vengeance

Si vous avez affaire à un coéquipier récalcitrant, votre refus peut provoquer plus que de la colère. Le coéquipier pourrait décider « de vous le faire payer ». Il pourrait raconter aux autres de vilaines choses sur vous et reprendre le travail en faisant des récriminations dans votre dos. Dans de tels cas, vous devez avoir confiance en votre processus de décision et en l'intelligence de vos équipiers. Si vous avez affaire à un employé qui pousse les choses jusqu'à la vengeance contre vous, c'est qu'il a sans doute un tempérament belliqueux ou pleurnichard. Les autres connaissent ce tempérament naturel et porteront donc peu d'attention à ses propos contre vous. Toutefois, si le coéquipier persiste et dépasse les bornes, vous pourrez corriger son comportement en utilisant des mesures de redressement (voir les chapitres 12 et 13 « Avertir sans menacer » et « Réprimander et recentrer »). Rassurez-vous, vous n'avez pas de violents psychopathes dans votre équipe. Ce genre d'individus se rencontre surtout dans les films à suspense.

La peur d'éveiller des sentiments non souhaités

Vous savez que certains de vos coéquipiers sont plus sensibles ou fragiles que d'autres. Vous avez peur qu'un refus provoque une crise quelconque : des larmes, de l'hystérie, un débordement émotif. N'ayez crainte : dire non provoque rarement ce genre de réaction, à moins que votre coéquipier ne soit dans un état psychologique instable et une condition physique médiocre. Si cela se produit, vous saurez qu'il est temps et pressant pour ce coéquipier de prendre un congé de maladie !

Posez-vous cependant deux questions importantes : Est-ce que ce sont seulement les sentiments non souhaités de l'autre qui vous inquiètent ? Avez-vous une certaine appréhension quant à vos propres sentiments ? Quand vous décidez de dire non, vous vivez généralement deux types de sentiments : vos propres sentiments « actifs » par rapport à votre devoir de dire non et vos sentiments « réactifs » par rapport aux paroles et au comportement de la personne à qui vous dites non. Soyez conscient de vos émotions. Un cerveau qui ignore les émotions devient un outil déréglé et imprévisible.

Considérer les raisons de dire non

Un refus devrait toujours être précédé d'une période d'analyse. Celle-ci se fait parfois en quelques secondes et ne s'effectue pas nécessairement de façon consciente. Pour être en mesure de formuler un refus acceptable pour le coéquipier, vous devez examiner de près ce processus d'analyse pour l'énoncer clairement et rapidement. Même quand vous refusez quelque chose à un enfant, vous prenez le temps de lui donner au moins une bonne raison. Si vous voulez faciliter l'acceptation de votre refus, vous avez intérêt à présenter des arguments solides et réalistes.

Quelques mauvaises raisons de dire non

Vous n'êtes pas toujours réceptif aux demandes qui vous sont faites. Vous vivez beaucoup de pression. Il est possible que vous ayez envie de couper court à la réflexion et vous vous laissez dominer par vos émotions. Voici quelques mauvaises raisons pour formuler un refus :

• Vous n'appréciez pas la façon utilisée par votre coéquipier pour faire sa demande (hésitante, trop polie ou impolie, brusque, etc.).

- Vous n'avez pas le goût de prendre le temps d'évaluer la demande, parce que vous avez autre chose à faire.

- Il s'agit d'une demande répétée que vous avez déjà refusée, et vous trouvez particulièrement agaçantes les personnes qui insistent.

- Pour vous, il s'agit d'un caprice.

- Aujourd'hui, vous êtes particulièrement impatient et vous désirez qu'on vous fiche la paix.

- En avez-vous une autre à l'esprit ?

Quelques bonnes raisons de dire non

Si vous êtes réceptif, vous prenez la peine d'analyser la demande en ignorant le ton et la forme de cette demande. Un superviseur respectueux sait qu'il a intérêt à présenter des arguments logiques et solides. Vous démontrez ainsi à votre équipier deux choses : sa demande est suffisamment sérieuse pour que vous y mettiez l'attention nécessaire ; votre réponse est juste et basée sur des éléments raisonnables plutôt que sur vos états d'âme. Voici quelques raisons pertinentes pour dire non :

- Les délais sont trop courts pour accéder correctement et efficacement à la demande.

- Vous n'avez pas présentement à votre disposition les ressources humaines, techniques ou financières nécessaires.

- À ce moment précis, l'horaire de travail est trop chargé.

- Cette demande dépasse votre responsabilité et vous devez la renvoyer à vos supérieurs.

- La demande ne respecte pas les règles, les procédures ou les normes établies dans l'entreprise.

- Cela nuirait indûment au climat de travail de l'équipe ou le modifierait.

- Vous en connaissez certainement d'autres !

Comme vous voyez, les bonnes raisons de dire non s'appuient sur quelque chose de sérieux et de juste. Vous ne refusez pas pour vous défouler, pour régler vos comptes avec un équipier ou parce que vous avez simplement envie de dire non !

Communiquer son refus en trois étapes

Prenez d'abord le temps d'écouter la demande (voir le chapitre 2 « Savoir écouter »). Peu importe le ton ou la manière, la demande du coéquipier contient une foule de données : informations brutes, contexte et contraintes, émotions, langage non verbal. Vous avez à faire le tri parmi tous ces éléments pour vous concentrer sur le but précis de la demande.

Première étape : Dire non et fournir une brève raison

Dans ce genre de communication, il est important de garder votre calme (voir le chapitre 1 « Conserver son calme… ou le retrouver ! »). Si vous laissez transparaître de l'impatience, de la nervosité ou de la colère, vous aurez du mal à formuler votre refus de manière convaincante. Votre coéquipier sentira votre malaise et, s'il est malin, il en profitera ! Vous serez dans une position délicate et vous aurez de la difficulté à en sortir indemne.

Ne vous lancez pas dans des justifications comme celles-ci : « Je le voudrais tellement, mais je ne peux pas », « C'est pas ma faute, c'est la haute direction qui veut ça », « Je fais mon possible, mais ». Vous ouvrez la porte à une négociation inutile où vous êtes sûr d'y perdre une partie de votre crédibilité. Vous démontrez que vous assumez mal vos responsabilités. Le coéquipier doit sentir clairement que votre décision est prise après une réflexion sérieuse et que la discussion ne vous fera pas revenir sur votre refus.

La première étape est donc simple : refusez, en ajoutant les raisons de cette décision. Servez-vous des bonnes raisons mentionnées précédemment. Soyez précis. Vous voulez mériter le respect de vos coéquipiers. Dites non poliment et pour les bonnes raisons.

Voici quelques exemples de formulation de la première étape d'un refus.

Maurice est le genre de coéquipier qui veut tout, tout de suite et qui s'énerve facilement pour des riens. Il entre précipitamment dans le bureau de Benoît, son superviseur.

Maurice (pressé) : *Écoute, il faut absolument que je te parle tout de suite !*

Benoît (calme) : *Impossible pour l'instant, j'ai juste le temps de me rendre à la réunion de production, j'en ai pour à peine une heure.*

Plutôt que :

Pas le temps, je m'en vais, c'est jamais sérieux ton affaire, ça peut attendre.

Aline, un peu désorganisée, se présente à Nathalie, sa superviseure, tout de suite après l'heure du dîner.

Aline : *J'aimerais finir plus tôt cet après-midi.*

Nathalie : *Je ne peux pas te le permettre cette fois-ci, ça ne me laisse pas le temps de m'ajuster, on a promis de livrer une grosse commande pour 16 h et j'ai besoin de tout mon monde.*

Plutôt que :

Pas question, qu'est-ce qui te prend de me demander ça à la dernière minute, je ne peux pas faire de miracle.

Claude, employé à l'entretien, va voir Jean-Pierre, son superviseur, à son arrivée au travail.

Claude : *Écoute, est-ce que je peux faire l'entretien des luminaires demain matin plutôt que cet après-midi ? Je suis pas mal occupé.*

Jean-Pierre : *Non, c'est pas possible, ça doit se faire aujourd'hui, les employés de ce service ont besoin de voir clair pour travailler correctement, ça fait déjà deux jours qu'ils attendent et c'est toi le meilleur pour faire ça.*

Plutôt que :

Écoute, c'est TA job, alors organise-toi pour la faire d'ici la fin de la journée, compris ?

Pensez-vous que les coéquipiers monteront aux barricades devant ce type de refus, exprimé calmement et appuyé par une bonne raison ? Ils seront peut-être déçus ou contrariés, ce qui est normal. Cependant, ils savent que leurs superviseurs ont pris au sérieux leur demande. La démarche de refus est bien entamée. Mais ce n'est pas encore terminé.

Deuxième étape : Présenter une solution de rechange

Voici maintenant la deuxième étape pour dire non de manière efficace. C'est le moment de faire preuve d'une certaine ouverture et de démontrer que vous avez réfléchi. Un superviseur ou un chef d'équipe efficace utilise sa créativité et fait preuve de souplesse chaque fois que c'est possible. Vous avez sûrement remarqué qu'il existe peu de situations dans la vie courante du travail pour lesquelles aucune solution de rechange ne se présente. Reprenons les exemples précédents et ajoutons-y la solution de rechange.

Voici la suite des refus de nos trois superviseurs, Benoît, Nathalie et Jean-Pierre.

Maurice (pressé) : *Écoute, il faut absolument que je te parle tout de suite !*

Benoît (calme) : *Impossible pour l'instant, j'ai juste le temps de me rendre à la réunion de production, j'en ai pour à peine une heure.*

D'ici là, va voir Hélène et, si possible, négocie une entente avec elle. Dès mon retour, je passe te voir.

Aline : *J'aimerais finir plus tôt cet après-midi.*

Nathalie : *Je ne peux pas te le permettre cette fois-ci, ça ne me laisse pas le temps de m'ajuster, on a promis de livrer une grosse commande pour 16 h et j'ai besoin de tout mon monde.*

Mais si ça te convient, on pourrait remettre ça à demain ou à un autre jour.

Claude : *Écoute, est-ce que je peux faire l'entretien des luminaires demain matin plutôt que cet après-midi ? Je suis pas mal occupé.*

Jean-Pierre : *Non, c'est pas possible, ça doit se faire aujourd'hui, les employés de ce service ont besoin de voir clair pour travailler correctement, ça fait déjà deux jours qu'ils attendent et c'est toi le meilleur pour faire ça.*

Si, à la fin de l'avant-midi, tu crois manquer de temps, viens me voir, je donnerai une de tes tâches à quelqu'un d'autre pour que tu puisses faire le travail dès le début de l'après-midi.

Troisième étape : Effectuer un suivi informel après coup

C'est maintenant le temps de passer à la dernière étape. Vous connaissez bien vos priorités et vos objectifs. Vos équipiers ne sont pas aussi familiers que vous avec ces données. C'est à vous de le leur rappeler. Faites-leur confiance, ils sont capables de comprendre.

Remettez votre refus dans son contexte en soulignant vos objectifs ou vos priorités. Vérifiez ensuite si l'équipier est d'accord avec la solution proposée. Finalement, si votre coéquipier a des difficultés à clarifier ses besoins, proposez-lui une solution pour l'aider. Continuons avec les exemples précédents.

Benoît, Nathalie et Jean-Pierre ajoutent les éléments de la troisième étape :

Maurice (pressé) : *Écoute, il faut absolument que je te parle tout de suite !*
Benoît (calme) : *Impossible pour l'instant, j'ai juste le temps de me rendre à la réunion de production, j'en ai pour à peine une heure.*
D'ici là, va voir Hélène et, si possible, négocie une entente avec elle. Dès mon retour, je passe te voir.
Tu sais que ces réunions sont essentielles si on veut atteindre nos objectifs. Donc tu commences par aller voir Hélène et moi, je te vois dans une heure, ça te va ?
Maurice : C'est d'accord, mais oublie-moi pas !
Benoît : Pas de danger !
Aline : *J'aimerais finir plus tôt cet après-midi.*

Nathalie : *Je ne peux pas te le permettre cette fois-ci, ça ne me laisse pas le temps de m'ajuster, on a promis de livrer une grosse commande pour 16 h et j'ai besoin de tout mon monde.*

Mais si ça te convient, on pourrait remettre cela à demain ou à un autre jour.

C'est une période très occupée, donne-moi un jour d'avis et ce sera plus facile, sauf si c'est une urgence, bien sûr ! Est-ce que demain ça va ou préfères-tu y penser et m'en reparler ?

Aline : *C'est O.K. pour demain, je partirai à 15 h.*

Nathalie : *D'accord, c'est réglé.*

Claude : *Écoute, est-ce que je peux faire l'entretien des luminaires demain matin plutôt que cet après-midi ? Je suis pas mal occupé.*

Jean-Pierre : *Non, c'est pas possible, ça doit se faire aujourd'hui, les employés de ce service ont besoin de voir clair pour travailler correctement, ça fait déjà deux jours qu'ils attendent et c'est toi le meilleur pour faire ça.*

Si, à la fin de l'avant-midi, tu crois manquer de temps, viens me voir, je donnerai une de tes tâches à quelqu'un d'autre pour que tu puisses faire le travail dès le début de l'après-midi.

On a reçu leur demande hier et la procédure exige qu'on s'y conforme dans les 24 heures. Si tu as des problèmes à organiser ta journée de travail, on peut regarder ça ensemble pour trouver une solution.

Claude : *O.K., je t'en parle avant d'aller dîner. C'est vrai que j'ai pas mal trop d'ouvrage.*

Jean-Pierre : *Viens me voir au début de la semaine prochaine et on regarde ensemble ce qu'on peut faire.*

Il n'y a eu ni bagarre ni émotivité non contrôlée. Vous n'avez qu'à rester calme, respectueux et centré sur le travail. Avec un peu de pratique et de la confiance envers vous-même et votre coéquipier, vous arriverez à formuler un non de manière polie et ferme.

Chapitre 11

Mettre fin
à un entretien

Quand je parle avec Marcel, il n'y a rien à faire,
pas moyen de m'en débarrasser avant une demi-heure !

Je n'ai pas le temps, on s'en reparle plus tard.

Tu veux que je te sorte les spécifications de cette commande ?
D'accord, retourne à tes occupations et moi, je m'y mets tout de
suite... tu auras le tout sur ton bureau d'ici une demi-heure.

Les planches achetées chez un quincaillier comportent quelquefois une étiquette. Certaines s'enlèvent facilement et sans laisser de trace, tandis que d'autres adhèrent solidement. À force de gratter, on finit par retirer le papier, mais la colle reste sur le bois. Vous pouvez essayer bien des produits pour l'effacer, il en reste toujours un peu. La seule façon vraiment efficace de l'enlever est de prendre un solvant comme du Varsol.

●

Certaines personnes sont comme la colle : vous pouvez user de mille tactiques pour terminer une conversation, rien à faire ! Ces personnes « collantes » ont toujours quelque chose à rajouter et elles s'incrustent dans votre bureau.

Au téléphone, à la maison, il est assez facile de se débarrasser d'un grand parleur. Vous avez sûrement utilisé au moins une fois un stratagème comme ceci : « Je te rappelle, on frappe à la porte » ou « Il faut que je te laisse, ça brûle dans le four ! » Au travail, ces tactiques sont peu pratiques, parce que ces visiteurs se collent à votre chemise ou adhèrent solidement à votre bureau. Vous aimeriez bien trouver une méthode efficace de les mettre dehors poliment sans vous en faire des ennemis. Il vous suffit d'appliquer les quelques trucs contenus dans ce chapitre et de les adapter à votre situation.

Clarifier le type d'interlocuteur et le but de l'entretien

Certains de vos coéquipiers ou collègues sont plus ou moins à l'aise avec la communication verbale. Ce sont souvent des coéquipiers productifs, mais pas « jasants » pour deux sous. Ceux-là ne risquent pas de vous importuner avec des discussions sans fin. Au contraire, vous devez aller adroitement au-devant d'eux, lorsque vous désirez obtenir des informations précises ou importantes. Vous vous plaignez peut-être qu'ils ne parlent pas assez, mais quand ils le font, leurs propos sont pleins d'aplomb (un compliment habile pourrait les inciter à parler plus souvent). D'autres sont très organisés et détestent perdre leur temps. Ne comptez pas sur eux pour étirer la conversation. Quand vous discutez avec eux, ils vont habituellement droit au but et sont pressés de reprendre le travail. Vous savez toujours quand la conversation est finie, car ils cessent de parler ou sautillent sur place parce qu'ils veulent aller travailler.

Deux catégories de personnes ont du mal à saisir que la conversation est terminée : les coéquipiers hésitants, peu sûrs d'eux-mêmes ou trop polis et les grands parleurs. Les premiers n'osent pas interrompre la conversation. Ils attendent votre signal, c'est vous le patron ! Ils comptent sur vous pour les guider poliment vers la fin de l'entretien. Quant aux grands parleurs, ils aiment parler de choses sérieuses... et moins sérieuses. Les rapports sociaux sont importants pour eux et la conversation leur procure une grande satisfaction. Ils peuvent discuter durant des heures de tout et de rien... dommage qu'ils aient à travailler ! Vous avez intérêt à utiliser de bons trucs dans leurs cas. Ces équipiers peuvent toutefois devenir de bons collaborateurs. Occupez-vous-en !

Percevoir clairement le but de la discussion

Quand un de vos coéquipiers ou de vos collègues vous demande de lui consacrer du temps, vous acceptez non seulement par politesse, mais aussi parce que vous jugez que cela pourrait être utile ou nécessaire. Ces conversations vous permettent d'entretenir des relations franches et ouvertes avec vos collègues et coéquipiers. Vous gagnez à porter une attention particulière à leurs propos afin de déterminer rapidement et clairement l'objectif de la discussion (voir le chapitre 2 « Savoir écouter »). Votre coéquipier veut-il vous donner des informations ? Désire-t-il plutôt en recevoir ? Tient-il à ce que vous preniez une décision ? Aimerait-il analyser ou évaluer une situation avec vous ? Souhaite-t-il que vous agissiez ? Les propos formulés par un coéquipier ou un collègue ne sont pas toujours clairs. Soyez attentif ! Tant que vous n'aurez pas précisé l'objectif de l'entretien, il vous sera difficile de le clore.

Considérer que tout a été dit... et bien dit

Les indices révélateurs

Si vous êtes suffisamment attentif, vous pouvez facilement reconnaître les signaux qui annoncent la fin de la conversation. Ils sont parfois subtils mais toujours présents. À vous de les déceler :

- Votre coéquipier ou collègue revient sur ce qui a déjà été dit... en le formulant d'une autre façon. Il cherche probablement à étirer le temps, peut-être à vous lancer dans une autre direction ou à vous lancer le signal de la fin.

- Les pauses ou les moments de silence sont plus longs ou plus fréquents. Il est donc temps de cesser de presser le citron, il a donné tout son jus !

- La discussion s'oriente vers d'autres sujets qui ont peu ou pas de rapport avec la conversation première. Votre coéquipier a donc décidé de passer à une autre étape : les rapports sociaux ! Vous savez maintenant qu'il est temps pour vous deux de reprendre le travail. Ce genre d'entretien est opportun au moment des pauses, à l'heure des repas et au cours des activités sociales, mais pas une heure avant une livraison importante !

Grâce à ces indices, vous savez que vous avez fait le tour de la question. Peu importe à quel genre de coéquipiers ou de collègues vous avez affaire, il est important de terminer une conversation au bon moment et sans offusquer. Et cela est d'autant plus vrai que vous êtes en présence d'un hésitant ou d'un grand parleur. La suite de ce chapitre vous propose des trucs pratiques pour clore un entretien de manière convenable pour votre coéquipier et vous. Vous serez bientôt en mesure de couper court aux entretiens sans blessure !

Résumer l'essentiel de l'échange

Dans un premier temps, commencez par faire la synthèse (le résumé) de ce qui a été dit en définissant clairement l'objectif de la rencontre. Vous indiquez ainsi que vous avez bien compris le but de la discussion et que vous avez en main toute l'information nécessaire. Il suffit d'une phrase et de quelques instants. Voici quelques exemples :

- Faites d'abord un bref résumé de la discussion et demandez à votre coéquipier de confirmer votre compréhension :

  « Si j'ai bien compris, tu proposes de…, c'est bien ça ? »

  « Tu suggères de corriger la situation en faisant…, ai-je bien compris ? »

  « Si je résume, tu me dis que les problèmes proviennent de…, et tu veux que je regarde cela de plus près. »

- Vérifiez ensuite que tout a été dit :

  « Y a-t-il autre chose que tu aimerais rajouter ? »

  « Bon, tout semble clair pour moi…, est-ce la même chose pour toi ? »

  « Es-tu satisfait de la façon dont on a traité le sujet ? »

Si vous avez bien écouté, votre coéquipier ou collègue devrait répondre oui à ce genre de questions. Il confirme ainsi que vous avez fait le tour du sujet. Il ne reste donc rien à rajouter, à moins que votre interlocuteur n'ait oublié des informations vraiment pertinentes et importantes (dans ce cas, acceptez poliment de continuer pendant un temps prédéterminé). Vous devez alors recommencer l'étape dont on vient de traiter jusqu'à la confirmation.

Peut-être pensez-vous que l'étape de la synthèse et de la confirmation est une perte de temps. Vous craignez que, ce faisant, vous ayez l'air trop insistant. Vous ne voulez pas mettre en doute la vivacité d'esprit de votre coéquipier ! Détrompez-vous, cette étape est cruciale. Tant que vous n'aurez pas l'assurance que le sujet a été couvert, vous aurez des problèmes à clore la discussion. Votre coéquipier hésitera à le faire parce qu'il sentira que l'entretien n'est pas encore terminé.

Communiquer en éliminant le superflu

Vous pouvez maintenant indiquer à votre interlocuteur la fin de l'entretien. Les trucs suivants sont efficaces autant en présence de gens réceptifs aux signaux que de gens moins ou peu réceptifs. Utilisez-les dans l'ordre présenté, en les adaptant au lieu de la discussion et au caractère de l'équipier concerné. Si le premier truc ne suffit pas à mettre fin à l'entretien, passez au suivant, et si l'équipier demeure collé sur place, passez à l'autre. Ainsi de suite et… bon courage (et bonne humeur !) si vous avez des cas difficiles ! Certains superviseurs habiles savent utiliser chacune des stratégies suivantes en moins d'une minute, sans que cela paraisse forcé. Habituellement, les deux premières tactiques suffisent. Parfois, c'est seulement la dernière qui fait « décoller » l'autre. Demeurez toujours calme et respectueux, et vous verrez que votre « Varsol » verbal fonctionne bien sans effort particulier.

Se servir du langage non verbal

Il est temps d'envoyer à votre coéquipier un premier signal. Changez le rythme de l'entretien en modifiant votre position : si vous êtes assis, levez-vous ; si vous êtes debout, asseyez-vous ; déposez lentement votre crayon ou remettez-le dans votre poche ; fermez doucement votre dossier ; dirigez-vous graduellement vers la porte ; reculez d'un pas, enlevez calmement vos lunettes et placez-les dans votre poche, etc. Vous lui indiquez ainsi **physiquement** la fin de l'entretien. Un dernier truc : veillez à ce que vos gestes soient relativement lents et réservés. Imaginez que vous faites ces mouvements dans l'eau et vous verrez que leur ampleur et leur rythme ralentissent. Les équipiers perspicaces comprendront que le temps est écoulé et que vous faites un effort conscient pour demeurer calme et poli.

Parler au mode passé… et au mode futur

Émettez un signal **verbal** en formulant une phrase à deux volets : la première partie au passé et la seconde au futur :

« Cela m'a fait plaisir de discuter de ça avec toi… tu m'en donneras des nouvelles demain. »

« Nous avons réussi à régler le problème… on s'en reparlera la semaine prochaine pour vérifier si tout est correct. »

« Tu m'as donné des renseignements très pertinents. Je me penche là-dessus rapidement. »

Ce truc permet au coéquipier ou au collègue de saisir clairement que les choses ont été dites et qu'il est temps de passer à l'action. La majorité des coéquipiers comprennent un tel message… et retournent travailler !

Libérer la personne… en lui proposant une action

Si votre coéquipier ne bouge pas… passez à une autre étape. Affirmez fermement que vous acceptez de le laisser partir et, pour donner plus de poids à vos dires, proposez-lui une activité. Vous démontrez ainsi que vous fonctionnez par priorités et que, comme bon superviseur, vous tenez aussi compte des siennes.

« Je ne te retiendrai pas plus longtemps… tu pourras ainsi te remettre au travail rapidement. »

« Je te laisse commencer à mettre cela en place, il te reste juste assez de temps pour transmettre la nouvelle. »

« Je sais que tu es très occupé, profite du temps qui reste pour finir ce que tu avais commencé. »

Exprimez-vous calmement et avec assurance en souriant légèrement. Tout en parlant, raccompagnez poliment votre visiteur vers la sortie si l'entretien a lieu dans votre bureau, ou faites quelques pas pour partir, si vous êtes ailleurs. Normalement, votre coéquipier devrait comprendre le message : il quittera votre bureau sans plus tarder ou vous laissera partir.

Briser le contact visuel... et vous occuper à une nouvelle tâche

Malheureusement pour vous, votre coéquipier ou collègue est très peu perspicace. Il « colle » dans votre bureau ou il vous suit. Vous avez affaire à un cas difficile, un 9,5 sur une échelle de 10 ! C'est maintenant le temps d'utiliser la méthode forte. Si vous êtes dans votre bureau, cessez de le regarder et, *ensuite*, détournez la tête. Ce petit détail est crucial : en coupant le regard par un mouvement de tête, vous risquez de donner l'impression que vous êtes profondément agacé de sa présence. Même si cela est vrai, vous devez éviter de le laisser voir (le chapitre 1 « Conserver son calme... ou le retrouver ! » explique pourquoi). Donc, allez-y en deux temps : rompez le contact des yeux, puis détournez la tête vers un autre centre d'intérêt. Si vous ne savez pas à quoi vous occuper... vous gagneriez à mieux planifier vos options ! Prévoyez quelque chose à faire : ouvrez un dossier et commencez à le consulter attentivement, saisissez le téléphone et tendez la main pour composer un numéro, faites un pas décisif vers votre classeur et ouvrez-le en cherchant un dossier, etc. Si vous êtes dans un endroit public, détournez votre regard vers une autre personne et faites à cette personne un signe d'intérêt. Dirigez-vous vers elle en lui faisant un signe signifiant clairement que vous avez à lui parler. Si personne n'est dans les environs, éloignez-vous. Ne détournez surtout pas la tête pour vérifier si votre interlocuteur a saisi le message. Continuez à marcher d'une manière volontaire et assurée en accélérant légèrement. Votre interlocuteur aura enfin compris que c'est vraiment fini !

Chez vous… ou chez nous ?

Un autre truc qui s'applique à tout entretien avec un collègue ou un coéquipier : essayez le plus souvent possible de le recevoir ailleurs que dans votre bureau. Si vous devez absolument discuter dans un endroit privé, allez plutôt dans le bureau de votre interlocuteur. Tenez compte du principe suivant : c'est plus facile de vous éclipser du bureau ou du poste de travail de la personne concernée que de la mettre à la porte de votre propre bureau ! Ou encore choisissez un endroit neutre et de préférence public tel qu'un corridor, la cafétéria, etc. : il vous sera plus facile de dénicher quelqu'un qui vous servira d'occasion de « fuite ». Et rassurez-vous, les grands parleurs sont connus par tout le monde dans l'entreprise. Si vous avez un public, votre auditoire fera preuve de discrétion et de grande attention. Les gens autour de vous à ce moment-là seront de fins observateurs de vos différentes tentatives pour terminer l'entretien. Ils essaieront ensuite les mêmes trucs ! Si le grand parleur arrive à parler moins longtemps, vous y serez sûrement pour quelque chose !

Avertir sans menacer

Qu'est-ce qui t'a pris de faire une affaire pareille, où avais-tu la tête ?

*Écoute, ça ne t'arrive pas souvent de faire des gaffes,
fais donc attention, O.K. ?*

*Tu as commis une erreur importante par distraction ;
que suggères-tu comme correction ?*

Vous remarquez qu'après avoir collé et installé les serres pour le montage d'un petit meuble, une pièce a été oubliée. Allez-vous attendre que la colle sèche avant de réagir ? Bien sûr que non ! Vous allez rapidement démonter le meuble pour enlever la colle, inclure la pièce manquante et terminer l'encollage.

Pourquoi attendre avant d'agir lorsqu'un employé a un comportement inapproprié ? Un problème au travail se corrige rarement tout seul, cela demande la plupart du temps une intervention directe et rapide.

C'est parfois tentant et valorisant de jouer la mère ou le père compréhensif avec vos coéquipiers. Vous voulez qu'on vous apprécie comme bon superviseur et non comme tyran. Les relations de travail ne se traitent pas tout à fait comme les relations personnelles et familiales. Une partie importante (et constante) de votre travail consiste à créer un climat de travail agréable et surtout productif. Alors, comment réagiront les autres coéquipiers si vous faites ou paraissez faire des passe-droits, ou si vous laissez passer des erreurs par complaisance ?

Un exemple de ce qui peut arriver quand on est trop compréhensif.

Depuis trois semaines, l'équipier Alberto arrive cinq minutes en retard une ou deux fois par semaine. Il n'a fourni aucun préavis et aucune explication.

Paulette, superviseure : *Là, Alberto, ça va faire, t'es encore en retard à partir de demain, c'est mieux de changer.*

Alberto : *Voyons, as-tu mangé de la vache enragée pour déjeuner ? Ça n'avait pas l'air de te déranger jusqu'à aujourd'hui !*

Deux questions :

1. Alberto a-t-il quelque peu raison de réagir ainsi ?

2. Alberto a-t-il puisé en lui ou dans les propos de Paulette l'argument de sa réplique ?

Clarifier son rôle

Comme superviseur, vous devez garder en tête les objectifs généraux de l'entreprise et les objectifs particuliers de votre équipe. Vous veillez autant que possible à partager le travail de manière équitable, pour que chacun ait une charge de travail acceptable. Si le comportement d'un employé a un effet négatif réel sur son travail ou sur celui de ses coéquipiers, ou s'il peut causer un problème de sécurité pour lui-même ou ses collègues, il est préférable d'intervenir rapidement. Correction : il est ESSENTIEL d'intervenir rapidement.

Jouer à plaire à tout le monde

Votre rôle de superviseur est parfois difficile. Vous devez chercher l'équilibre entre entretenir de bonnes relations et maintenir une production acceptable. Avez-vous remarqué que plus on cherche à faire plaisir à tout le monde, plus on fait de mécontents ? Il est impossible d'être gentil, tout le temps, avec tout le monde. Chaque employé a ses compétences, ses besoins, ses particularités et aussi ses exigences (pensons ici au caractère et au tempérament des équipiers). Vous avez à adapter vos interventions en fonction de cette réalité. Sachez que plus vous serez juste envers chacun de vos coéquipiers, plus vous serez apprécié. Un bon superviseur agit au mieux pour maintenir une productivité conforme aux besoins de l'entreprise tout en essayant de tenir compte des besoins de ses coéquipiers.

Jouer à l'autruche

Ignorer une situation ne la fait pas disparaître. Elle aura plutôt tendance à s'aggraver, comme la rouille qui travaille en silence mais sans relâche. Le temps arrange rarement les choses… au travail ! Les employés ne sont pas des êtres parfaits, les petites incartades sont courantes. Ce n'est pas parce qu'un coéquipier agit mal une fois qu'il en fera une habitude. Bien des gens pensent qu'il vaut mieux ne pas intervenir pour protéger la vie personnelle ou par souci de discrétion. Toutefois, ne pas intervenir est une décision aussi lourde de conséquence qu'intervenir. Peu de gens aiment faire face à une situation grave… pourtant c'est ce qui risque d'arriver si vous laissez passer trop d'écarts de conduite.

Les coéquipiers comptent sur vous pour maintenir l'équilibre dans les relations de travail. Ils veulent compter sur votre compréhension s'ils font face à des difficultés passagères. Ils apprécient aussi que leur supérieur fasse preuve d'une certaine tolérance dans des cas particuliers, mais ils apprécient moins que celui-ci fasse régulièrement l'autruche. La tolérance à laquelle ils s'attendent doit être logique, équitable et surtout liée à la gravité de la situation. Ils veulent que vous soyez un superviseur juste... et non juste un superviseur. Quoi que vous fassiez ou dites, vous serez toujours en position d'autorité avec vos coéquipiers. Vous aimeriez parfois oublier que vous êtes leur superviseur? Eux ne l'oublient jamais!

Considérer l'impact du geste commis

Si vous pouviez appliquer des recettes ou des règles strictes au comportement, la vie serait-elle plus facile? On gagne à regarder les faits, les gestes et les personnes concernées sous plusieurs angles avant d'agir. Certains diront qu'en agissant de la même façon avec tout le monde, on a moins de problème! Pourtant agit-on avec un récidiviste de la même manière qu'avec une personne qui en est à sa première erreur de comportement? Mettez de côté les règles strictes et essayez d'agir avec jugement et discernement.

Répartir la responsabilité

La personne fautive est-elle un coéquipier modèle? En est-elle à sa première incartade? Vit-elle une situation familiale momentanément difficile? Répondre oui à une de ces questions ne rend pas le geste moins grave. Le coéquipier a des responsabilités envers l'entreprise et ses collègues. Cela peut lui arriver de l'oublier et c'est à vous de le lui rappeler. Vous pouvez être compréhensif, mais vous n'avez pas le mandat d'être complaisant. Vous avez, vous aussi, des responsabilités envers l'entreprise et ces mêmes coéquipiers. Et si vous l'oubliez, votre supérieur vous le rappellera!

Envisager les conséquences

Le comportement de l'employé a-t-il des conséquences négatives importantes sur le rendement normal exigé? Ces conséquences seront-elles passagères ou permanentes? La sécurité de l'employé et celle de ses collègues est-elle mise en danger ? Cela occasionne-t-il un effet négatif palpable sur le climat de travail ? Ce comportement va-t-il faire naître un conflit ? Si vous répondez oui à une de ces questions, les mesures disciplinaires sont peut-être la solution la mieux adaptée à la situation (voir le chapitre 13 « Réprimander et recentrer »). Dans les cas moins graves d'erreurs professionnelles ou de comportements, un avertissement peut être suffisant.

Communiquer et demander des correctifs rapidement

Agir rapidement ne donnera pas l'impression que vous êtes un superviseur nerveux. Cela indiquera plutôt que vous êtes bien concentré sur votre travail et que vous avez les choses à l'œil. Les employés se plaignent trop souvent qu'ils ne sont pas importants et que peu importe ce qu'ils font, personne ne le remarque. En agissant rapidement et dans le respect de l'employé, vous prouverez que vos coéquipiers sont importants pour vous. Vous les incitez à assumer leurs responsabilités par rapport à ce qu'ils ont fait et à décider eux-mêmes du choix du correctif à apporter.

« Serrer » juste assez

Bâtissez votre intervention sur des faits et non sur des sentiments, parce que les faits sont plus faciles à prouver. Essayez de ne pas vous laisser envahir par les sentiments. Vous gagnez à garder vos distances (vous êtes le superviseur et non un ami). Et surtout, évitez de faire la morale du genre « je te l'avais bien dit », « prends sur toi », etc. Vos rapports avec les coéquipiers gagnent à demeurer sains et respectueux. Gardez à l'esprit votre rôle de superviseur et laissez aux psychologues et aux thérapeutes la tâche de poser des diagnostics. Vous pouvez tenir compte des sentiments des gens... en utilisant un vocabulaire poli, en affichant des valeurs respectueuses et en utilisant des gestes calmes et retenus. Ces tactiques sont tout à fait respectables et nullement manipulatrices. Elles ont de plus l'avantage de créer une ambiance de communication où les sentiments peuvent coexister avec la raison. Nous présentons ci-dessous une série d'exemples qui illustrent comment un superviseur peut, en une ou deux phrases, gérer poliment une situation délicate.

Superviseur : *Tiens, tu as cinq minutes de retard...*

Julien : *Ouais, mon réveil n'a pas sonné, je pense que mes piles sont finies.*

Superviseur : *Je suis sûr que tu auras de nouvelles piles pour ce soir !*

Superviseur : *Je crois que tu sens l'alcool...*

Pierre : *J'ai fêté un peu, c'est mon anniversaire de mariage !*

Superviseur : *Bon, je t'appelle un taxi et je te fais remplacer. Demain, je compte sur toi pour faire le point, car tu seras frais et dispos.*

Superviseur : *Tu as fait de nombreuses erreurs ce matin.*

Hélène : *Excuse-moi, je suis un peu distraite, mon père a fait un infarctus hier soir.*

Superviseur : *Veux-tu prendre congé pour le restant de la journée ?*

Variante : *Demandes-tu un travail moins exigeant pour le reste de la journée ?*

Avez-vous noté que le superviseur responsabilise le coéquipier ? Il reste poli et calme et force le coéquipier à décider lui-même du nouveau comportement à adopter. Mieux encore, le chef d'équipe évite systématiquement de manipuler l'équipier. Quand vous aidez une personne à réfléchir, vous ne la manipulez pas... vous l'influencez clairement et ouvertement. Vous l'obligez respectueusement à devenir plus responsable.

Chapitre 13

Réprimander et recentrer

La prochaine fois que je te prends à faire ça,
je te colle une note à ton dossier.

Faudrait que tu arrêtes de faire ça, c'est pas correct !

Tu as oublié une vérification importante sur le modèle 2437,
qu'est-ce que tu proposes pour que ça ne se reproduise plus ?

Quand on veut fixer deux planches à l'aide d'une vis, il faut d'abord faire un trou et ensuite visser sans trop y mettre de pression. Si on oublie ces précautions, la planche va probablement fendre. Pour corriger une telle erreur, il faut recommencer avec une autre planche, car les fentes laissées sur la planche seront trop difficiles à cacher.

Il se passe le même phénomène quand on réprimande un employé sans préparation et avec trop de force. L'équipier se rebute, résiste et on se retrouve avec un problème plus grave qu'avant.

Peu de superviseurs aiment vraiment faire une réprimande. Même si l'entreprise a une procédure écrite sur l'application de la discipline, il est difficile de savoir exactement jusqu'où aller. Le superviseur ne veut pas passer pour un tyran ou paraître trop négatif. Ce malaise devant la réprimande a pour conséquence qu'elle est quelquefois trop forte ou pas assez. Pourtant, un superviseur d'expérience sait que la réprimande est parfois une intervention efficace pour corriger un comportement ou un geste répréhensible. Comment le faire de façon efficace ? Voyons quelques aspects de la question.

Clarifier la fonction de la réprimande

Avertissement ou réprimande ?

L'avertissement est souvent l'intervention correcte pour un comportement ou un geste non compatible avec les règles, les normes ou les procédures établies dans l'entreprise (voir le chapitre 12 « Avertir sans menacer »). Comme la réprimande, l'avertissement permet de réorienter efficacement et rapidement le coéquipier en lui faisant prendre conscience des répercussions de son geste ou de son attitude envers le travail ou ses coéquipiers. La réprimande est cependant plus appropriée dans les cas graves ou de récidive. Imaginez votre jeune de sept ans qui traverse la rue achalandée pour attraper son ballon sans regarder. L'accident est évité parce que le conducteur a pu arrêter à temps. Pensez-vous qu'un simple avertissement suffit à « serrer la vis » à votre fils et à lui faire prendre conscience de son imprudence ? Le calme revenu, votre enfant a plutôt besoin d'une bonne réprimande pour qu'il soit plus prudent la prochaine fois ! Au travail, la réprimande a sa place dans plusieurs cas.

• Lorsque le geste du coéquipier a une répercussion négative importante sur le rendement exigé : bris d'équipement, baisse de productivité, augmentation des rebuts, retard de production, etc.

• Lorsque le geste met en danger la sécurité de ce coéquipier ou de ses collègues : mauvaise utilisation des équipements, application inadéquate des procédures de sécurité, etc.

• Lorsque l'attitude du coéquipier a un effet négatif sur le climat de travail ou est source de conflit : manque de respect, comportement agressif, refus de collaborer, etc.

• Lorsque le coéquipier récidive après un premier avertissement. Un deuxième avertissement n'est d'aucune utilité dans ce cas, seule la réprimande vous permet de serrer la vis plus fort. Ne faites pas comme la mère qui avertit son enfant pour la quatrième fois en disant : « Si t'arrêtes pas, maman va finir pas se choquer ! » Pensez-vous que l'enfant arrêtera d'insister ; il sait très bien qu'il réussira à obtenir ce qu'il veut... en étant suffisamment patient !

Plus qu'un simple avertissement

Réprimander est une tâche difficile. Il est tout à fait normal que vous n'aimiez pas faire une réprimande ; d'ailleurs, le coéquipier n'aime pas non plus en recevoir !

Dans toute la procédure d'application de mesures disciplinaires, la réprimande est la première étape. Elle sera inscrite au dossier de l'employé concerné et laissera donc des traces ! Cette intervention est sérieuse et lourde d'implication. Il s'agit d'une demande formelle de redressement à la suite d'une action ou d'un comportement assez grave comportant des conséquences négatives directes sur le travail ou les relations avec les collègues. Si vous décidez de réprimander un coéquipier, c'est que l'avertissement n'a pas suffi ou n'était pas pertinent. Il faut donc utiliser la réprimande avec jugement et après une analyse sérieuse de la situation. Assurez-vous du bien-fondé et de l'utilité de votre démarche et, surtout, analysez avec soin les faits.

Considérer les compétences du coéquipier visé

Le super technicien

Dans toute entreprise, certains employés se distinguent remarquablement par leurs compétences techniques. On les respecte et, même, on les admire pour cela. Leurs compétences techniques dépassent même celles de leur patron. Ils règlent rapidement les problèmes les plus complexes et relèvent les défis avec enthousiasme. Ces employés sont très conscients du pouvoir qu'ils ont entre les mains. Si vous serrez trop la vis, vous risquez de vous y prendre les doigts. Un super technicien mécontent ou blessé dans son amour-propre peut causer des dégâts importants à l'entreprise. Il peut réagir en vous quittant au profit d'un concurrent et vous aurez du mal à le remplacer ! Ces experts veulent pouvoir travailler en paix sans être importunés par des procédures ou des directives qu'ils jugent farfelues ou inutiles. En présence d'employés de ce type, les règles de la réprimande sont difficilement applicables. Utilisez surtout le renforcement positif (voir le chapitre 7 « Féliciter ») et laissez-les travailler !

Le leader naturel

Vous avez sûrement dans votre équipe un leader naturel. Cet employé compétent aime prendre des initiatives, a souvent de bonnes idées et beaucoup d'influence sur ses coéquipiers. Il n'a pas (et n'aimerait probablement pas avoir) de titre ou de fonction d'autorité. Les autres aiment travailler avec lui parce qu'ils apprennent des trucs et apprécient beaucoup ses qualités de rassembleur, de communicateur et « d'instructeur ». Il vous arrive même de le consulter vous-même pour sonder le terrain avant l'application d'une nouvelle procédure et pour prendre le pouls de votre équipe. Vous faites confiance à son sens de l'analyse et à sa perception de la situation. Vous utilisez quelquefois son influence sur les autres pour mieux faire accepter certaines décisions. Un employé de ce type est très apprécié et utile. Vous avez tout intérêt à maintenir de bonnes relations avec ce leader. Faites preuve de reconnaissance, utiliser le renforcement positif pour maintenir son enthousiasme, gardez la réprimande pour des cas d'exception et, le cas échéant, réprimandez-le selon les règles décrites plus loin dans ce chapitre. Ne prenez pas le risque que son influence positive se transforme en influence négative !

L'employé compétent

Vos employés connaissent leur travail, mais il arrive que quelques-uns commettent des fautes assez graves pour justifier une démarche ferme mais juste. D'autres, plus rebelles, résistent au simple avertissement et veulent vous tester. Vous devez leur démontrer que ce genre de test est un jeu risqué. Passez à une méthode plus ferme en formulant une réprimande.

Communiquer en « resserrant » juste ce qu'il faut

Agir sans perdre de temps

Votre crédibilité dépend de votre rapidité à corriger une situation. Si vous attendez, vous serez perçu comme un superviseur qui a des problèmes à assumer ses responsabilités. Vous aurez aussi du mal à justifier une intervention tardive. Si vous avez besoin de réprimander pour obtenir des correctifs, c'est que le geste ou le comportement de l'employé a des conséquences graves. Attendre aura peut-être des conséquences encore plus graves. Assumer vos responsabilités est parfois difficile, mais vous vous sentirez mieux ensuite !

Rester centré sur les faits

Puisque vous désirez des correctifs concrets et rapides, et non des blâmes et des excuses interminables, concentrez-vous sur des faits précis et mesurables. Une réprimande ne porte pas sur des généralités. Il ne s'agit pas de dire : « Sois plus prudent à l'avenir… », mais plutôt :

« Tu as réparé la machine sans appliquer la procédure de sécurité… » Vous serez en meilleure position pour exiger un changement d'attitude ou de comportement si vous basez votre intervention sur des faits réels plutôt que sur des impressions. C'est aussi un moyen efficace pour garder votre calme et ne pas serrer la vis indûment.

Être bref

La réprimande n'est pas une engueulade en règle, mais une demande précise de correctif pour un fait particulier. Formuler une réprimande ne vous prendra que quelques secondes, au plus une minute. Il suffit d'aller droit au but avec respect et politesse.

Agir en privé

Choisissez un endroit « neutre » et isolé pour faire votre réprimande. Évitez de faire celle-ci dans votre bureau si vous ne voulez pas que cet endroit soit perçu par vos employés comme la « chambre des tortures » ! L'employé n'apprécie pas qu'il y ait des témoins s'il doit se faire taper sur les doigts : cela est dur pour le moral et pour l'orgueil ! Si les choses restent entre lui et vous, il sera plus enclin à accepter son erreur et à faire ce qu'il faut pour se corriger.

Dans plusieurs cas, vous pensez impossible de trouver un lieu « privé ». Vous travaillez sur le plancher, entre des allées achalandées, etc. Soyez aussi créatif sur ce point que vous l'avez été pour devenir chef d'équipe. Voici quelques trucs qui ont été imaginés par des superviseurs que nous avons connus et que vous pourriez appliquer.

- Demandez à l'équipier de vous aider à déplacer une machine ou un objet lourd ; quand vous serez à côté de lui, faites-lui la réprimande à voix basse. Gageons que la personne visée appréciera votre effort de discrétion.

- Demandez un conseil à l'équipier concerné, sur un ton neutre. Lorsqu'il se rapproche, faites-lui la réprimande… toujours à voix basse et sans gestes brusques.

- Dirigez-vous vers l'employé en ayant en main un rapport ou une feuille de papier. Invitez l'équipier à discuter d'un détail. Lorsque vous serez en tête à tête, faites votre réprimande, en prenant soin de déplacer votre crayon sur le papier. De cette façon, les autres penseront que vous discutez d'un détail technique.

- Montrez-vous fasciné par une initiative ou une idée de la personne visée. En vous rendant à son poste de travail, mentionnez son initiative (sans lien avec la grave erreur commise). Une fois en tête à tête, procédez à la réprimande.

Recentrer et responsabiliser

Une réprimande efficace doit comporter des directives claires de redressement. Elle sert à recentrer l'employé vers un comportement ou un geste conforme à son travail et aux exigences de l'entreprise. C'est à vous de replacer l'événement dans son contexte et de faire voir à l'employé les conséquences de son geste et d'exiger des correctifs précis. Elle vous permet de rétablir les relations avec les collègues qui auraient été blessés par le comportement fautif de l'employé. Vous dirigez une équipe et tous gagnent à travailler dans le même sens.

Comme vous voulez des employés autonomes, permettez au coéquipier réprimandé de trouver lui-même les correctifs à ses actions « non conformes ». Cet employé sera plus engagé moralement dans le changement. De plus, sa solution sera probablement mieux adaptée à la situation. Vous démontrerez que vous croyez à son potentiel et à son bon jugement et que vous faites preuve de calme et de respect, même dans des moments délicats.

Reprenons l'exemple cité précédemment.

Tu as réparé la machine sans appliquer les règles de sécurité pourtant imprimées sur le couvercle de l'appareil !

En plus de risquer de te blesser grièvement, ton geste aurait pu causer des blessures importantes à tes collègues...

Je m'attends à ce que tu appliques la procédure à la lettre chaque fois que tu fais une réparation...

Je pourrais me contenter de t'ouvrir un dossier disciplinaire, mais je crois que tu es la personne la mieux placée pour trouver une solution personnelle à ton très sérieux manque de sécurité...

Alors, que comptes-tu faire pour que ça ne se reproduise plus jamais ?

Vous pouvez agir avec fermeté sans faire preuve de tyrannie. Il n'est pas nécessaire de crier pour se faire entendre, il suffit d'être clair. Si le coéquipier voit que vous ne céderez pas et que vous comptez sur son sens des responsabilités et son professionnalisme, il acceptera probablement de se conformer à la règle et d'agir autrement la prochaine fois. Mieux, si vous réussissez à lui faire déterminer lui-même des mesures ou des procédures de correction, l'équipier trouvera une solution permanente. Voici d'autres exemples de phrases responsabilisantes qui permettent à une réprimande de « fonctionner ». Les chefs d'équipe qui nous les ont transmises se reconnaîtront avec plaisir.

• *Puisque tu es un excellent chasseur et que tu veux garder tous tes doigts, quelle est la première mesure que tu vas prendre pour mieux utiliser cette machine ?*

• *Tu es souvent l'équipier le plus imaginatif, alors je t'accorde 15 minutes pour imaginer comment tu vas regagner la confiance de tes collègues. Ta charge de travail sera adaptée pendant cette période, tu peux donc te concentrer sur la question. »*

• *Si tu étais à ma place et que tu devais assumer la responsabilité de toute l'équipe, que dirais-tu à un équipier qui, par empressement non justifié, met en danger la santé des autres ?*

• *Tu as calculé que tu gagnerais du temps en travaillant sans sécurité suffisante ; comment peux-tu gagner du temps en réparant la situation actuelle ?*

• *Ta volonté de faire vite a provoqué un très grave risque pour tous ; comment cette belle volonté peut-elle maintenant être mise à profit pour ralentir juste ce qu'il faut ?*

Après avoir posé ce type de questions, gardez le silence plusieurs secondes pour obliger l'équipier à réfléchir intensément. Demeurez calme et évitez tout geste d'impatience. Un truc pour soutenir ce silence : pensez avec force à vos prochaines tâches ou planifiez mentalement le reste de votre journée. Votre visage paraîtra calme et votre regard sera neutre.

Libérer… sur parole

Dans chaque cas, terminez la rencontre sur un ton poli et encourageant. Vous pouvez faire un compliment à l'équipier qui a bien reçu la réprimande (notamment s'il a trouvé lui-même une mesure de correction), en élevant légèrement la voix. Voici des exemples.

• *Merci de m'avoir écouté attentivement !*
• *D'accord Anita, je vais revoir la procédure d'inscription et tu vérifies les pièces produites ce matin !*
• *Je savais que je pouvais compter sur ton imagination !*
• *Bien dit, Robert.*

Chacune de ces phrases permet au coéquipier de reprendre son travail sans craindre que les autres interprètent négativement le contenu de son entretien avec vous. De plus, clore l'entretien par une phrase responsabilisante démontre clairement que vous avez confiance en la capacité et la volonté de l'employé d'appliquer une solution de façon durable.

Si vous pensez qu'un jour vous arriverez à ne jamais faire de réprimandes, vous vous faites des illusions. Faites comme tout bon superviseur d'expérience et cherchez plutôt des moyens simples et efficaces pour limiter la réprimande à des cas d'exception. Utilisez le renforcement positif sous toutes ses formes : feed-back régulier, suivi, communications ouvertes, félicitations, etc.

Subir une décision

Cette directive est insensée ;
on va bousiller la procédure et perdre des données !

L'autorité a toujours raison, même quand elle se trompe...

Si c'est un ordre, je me soumets à votre autorité.

Une travailleuse qui dépense de l'énergie au travail finit par développer un bon appétit. Elle rêve parfois d'un bon « club sandwich » pour son heure de dîner. Quel délice, surtout quand on commence à y penser au milieu de l'avant-midi ! Quel génie a pensé à ajouter une troisième tranche de pain ! Encore plus brillant, ce cure-dent enfoncé au milieu pour empêcher le sandwich de tomber en ruine dès la première bouchée !

La position d'un chef d'équipe ressemble à la tranche de pain du milieu d'un club sandwich : quand on tient le tout, la tranche de pain inférieure (les équipiers) donne une pression vers le haut, la tranche supérieure (vos patrons) exerce une pression vers le bas... et la tranche du milieu doit être bien ancrée, sinon elle se fait tasser assez rapidement.

Un superviseur ou un chef d'équipe reçoit parfois des directives autoritaires et dangereuses de la part de ses patrons. Les gestionnaires ne sont pas des sadiques ou des criminels, mais ils manquent parfois d'information ou ils subissent à leur propre niveau une pression considérable. Le caractère insistant de certaines de leurs demandes vous agace parfois beaucoup. Il vous arrive de savoir qu'en obéissant à une directive autoritaire mais dangereuse à vos yeux, vous créerez un problème important. Que faire ? Résister ouvertement, accepter bêtement, négocier malhabilement ? Songez à la tranche de pain du milieu. Si vous n'êtes pas solidement ancré, vous risquez de vous faire tasser par le patron, puis par les équipiers !

Un exemple de réaction malhabile à une directive imposée qu'un superviseur sait dangereuse.

Un nouveau gestionnaire vous demande fermement et sans détour d'accélérer la cadence de travail de toutes les équipes. Le superviseur Simon comprend la situation, mais sait que son équipe comporte deux stagiaires et qu'une équipière particulièrement compétente doit s'absenter dans les 15 minutes suivantes... pour suivre une formation planifiée par le patron !

Gestionnaire (visiblement stressé et sur un ton inutilement autoritaire) : *Voici la directive : accélérer la cadence de 20 % pour le reste de la journée. Toutes les équipes vont recevoir la même directive... Et ça presse !*

Superviseur Simon (surpris) : *Eh bien, mon équipe est en mauvaise posture aujourd'hui !*

Gestionnaire (vexé) : *Toutes les équipes doivent performer. La tienne aussi !*

Simon (sur un ton soumis) : *Je vais faire mon possible, mais j'ai deux stagiaires et...*

Gestionnaire (sur le point de perdre patience) : *Tu exiges un traitement spécial pour ton équipe ?*

Simon (maintenant en colère) : *Pas du tout ! Mais vous m'obligez à prendre de gros risques !*

Gestionnaire (sur un ton carrément menaçant) : *Tu cours déjà un risque… celui de perdre ton poste de superviseur. Cesse de résister et fais ce qui doit être fait !*

Quelques questions qu'on ose à peine poser :

1. Le superviseur semble-t-il sincère en hésitant devant une directive dangereuse pour son équipe et pour l'entreprise ?

2. Si Simon arrive à performer malgré tout, de quoi aura-t-il l'air devant le patron ?

3. Pouvez-vous donner un conseil à Simon pour qu'il se tire honorablement de la situation, en maintenant son opinion mais sans résister au patron ?

Clarifier la différence entre autorité et responsabilité

En devenant superviseur ou chef d'équipe, vous acceptez un emploi qui comporte des responsabilités et des obligations particulières. Il en va de même pour les gestionnaires et les patrons. Comme les tranches de pain d'un club sandwich ! Le plus grave piège qui guette les superviseurs ou les chefs d'équipe est d'oublier de tenir compte des niveaux d'autorité qui entrent en jeu dans le cas d'une directive autoritaire dangereuse.

Protéger « votre » équipe ?

Vous considérez comme normal et important de défendre votre équipe, surtout en présence d'une décision qui implique à vos yeux un risque quant à la qualité ou la sécurité. Vous pensez sincèrement que votre rôle de chef vous oblige à vous interposer. Si votre équipe est formée de personnes sans défense et maltraitées, votre réaction est noble. Toutefois, si votre équipe possède les compétences pour accomplir des tâches normales, vous cédez au paternalisme, ou au maternalisme, selon les cas.

En voulant protéger votre équipe de façon exagérée, vous faites trois gaffes : vous considérez la directive comme une menace et non comme une erreur, vous prêtez à votre patron de mauvaises intentions et vous présumez que l'équipe a besoin d'un protecteur et non d'un leader.

Relisez le titre de cette section : Protéger « votre » équipe ? L'équipe ne vous appartient pas. Elle est un regroupement de gens qui ont des responsabilités individuelles et collectives. À vouloir accaparer toute la responsabilité de la tâche, vous faites probablement preuve de condescendance envers des coéquipiers.

Défendre « votre » compétence ?

Vous recevez parfois des directives qui, selon vos compétences particulières, comportent un danger. Vous êtes à juste titre fier de votre compétence et confiant que vous saurez faire comprendre votre point de vue à ce patron qui est « un peu déconnecté du plancher ». Alors, vous faites valoir votre point de vue de manière claire et précise. Un bon patron devrait respecter votre connaissance technique. Pourquoi donc cette tactique échoue-t-elle si souvent ? Parce que votre patron interprète votre prise de position comme une forme de résistance… surtout si vous agissez devant le groupe (les patrons ne sont pas plus habiles que vous pour interpréter les intentions des autres !). Aucun patron ne peut accepter de voir son autorité mise en doute par un subalterne.

Considérer rapidement quatre options

Voyons plus en détail comment les réactions de protection et de défense ne sont pas les solutions. Nous verrons ensuite quelle tactique serait plus appropriée.

Parmi les pistes suivantes, choisissez celle qui, selon vous, est la plus apte à renforcer votre position de superviseur responsable.

Subir en silence

Vous pouvez recevoir et appliquer la directive sans aucune forme de résistance. Ce faisant, vous savez que votre soumission peut entraîner votre équipe dans un processus qui aboutira à des erreurs ou à des accidents. Vous pourrez toujours dire que vous ne faisiez qu'obéir aux ordres.

L'avantage apparent de cette tactique : pouvoir déclarer que vous respectiez l'autorité d'un patron. L'avantage inavouable de cette tactique : prendre un vilain plaisir à voir l'échec de votre équipe éclabousser un patron. Le désavantage à utiliser cette tactique : l'échec vous retombera sur la tête deux fois plutôt qu'une. La première taloche derrière la tête vous sera servie par votre équipe qui vous accusera de ne pas l'avoir défendue ; la deuxième viendra du patron qui vous accusera d'avoir gardé le silence au lieu de parler. Ouf !

Résister habilement et ouvertement

Comme nous l'avons dit, en résistant vous tombez dans le piège de « défendre votre monde et votre réputation ». Même si vous êtes sincère, plus vous parlez, plus l'humeur du patron devient maussade. Il répète sa directive sans tenir compte de vos arguments et met graduellement en doute votre bonne foi jusqu'à l'éclatement devant votre insistance.

Les deux avantages temporaires de cette tactique, c'est que vous êtes fier de votre essai et que vous pourrez dire à vos équipiers que vous avez tout fait pour influencer le patron. Pourtant, cette façon de communiquer implique presque toujours deux désavantages permanents : vous perdez graduellement la confiance de votre patron et vous mettez ouvertement en doute sa compétence. Par définition, un patron n'a pas l'expérience du terrain autant que vous, tout comme vous n'avez pas son expertise en matière de gestion. Reprocheriez-vous à un chef d'orchestre de ne pas pouvoir faire de brillants solos de violon ? Exigeriez-vous qu'une violoniste sache diriger un orchestre avant de l'embaucher comme musicienne ? Le plaisir de mettre un patron dans l'embarras coûte très cher et rapporte très peu. Le patron aura une réaction logique : réaffirmer immédiatement son autorité. Cette réaction n'est pas nécessairement intelligente... mais elle est normale. Un patron a ses émotions, comme vous. Vous voyez comment les émotions peuvent tout envahir très rapidement ?

Accepter de mauvaise grâce

Cette tactique est utilisée par les enfants lorsqu'ils disent : « O.K., d'abord ! » Les adultes trouvent des variantes plus subtiles : « Puisqu'il le faut », « Je n'ai pas d'autre choix », « Ouais... », « C'est toi le patron ». Certains superviseurs utilisent une version particulièrement habile de cette tactique : « Écoute, ça ne peut pas vraiment fonctionner, mais je te promets de faire mon gros possible... ».

L'avantage de cette tactique, c'est qu'elle vous permet après coup de dire au patron : « Je te l'avais dit que ce n'était pas faisable ! » Le désavantage est d'une simplicité brutale : ayant dit à votre patron qu'une directive est « impossible » ou « dangereuse », logiquement, vous devez échouer... sinon de quoi aurez-vous l'air en réussissant ce que vous jugiez impossible ?

Reprenons l'exemple précédent.

Gestionnaire (stressé et inutilement autoritaire) : *Voici la directive : accélérer la cadence de 20 % pour le reste de la journée. Toutes les équipes vont recevoir la même directive... Et ça presse !*

Superviseur Simon (surpris) : *Voyons donc ! Ça n'a pas de bons sens ! Avec deux stagiaires et une absente dans mon équipe, on ne sera pas capables de maintenir les standards de qualité ! Mais je vais faire mon gros possible quand même...*

Gestionnaire (vexé) : *Pas d'exceptions ! Tout le monde accélère... et toi tu fais ta job !*

1. À la fin de la première journée, l'équipe de Simon a réussi à accélérer et à maintenir la cote de qualité. Le patron fait un détour pour le rencontrer.

Gestionnaire (sur un ton un peu cynique) : *Tu vois, c'était faisable ! Tu n'as pas assez confiance en ton équipe !*

Simon (sur un ton soumis) : *Euh...*

2. À la fin de la première journée, l'équipe de Simon n'a pas réussi. Le patron fait un détour pour le rencontrer.

Gestionnaire (très soucieux) : *Qu'est-ce qui s'est passé au juste ?*

Simon (sur un ton soumis) : *Je vous l'avais dit que ce n'était pas réaliste...*

Gestionnaire (très soucieux) : *Et c'est en échouant que tu prouves ton point ! ?*

Simon (sur un ton soumis) : *Euh…*

Deux commentaires qui devraient faire réfléchir :

Dans le scénario A, le succès de Simon lui vaut une remarque cinglante… et pour cause ! Il a prouvé que son opinion était fausse !

Dans le scénario B, l'échec de Simon n'est pas accepté comme valable par le patron… et pour cause ! Une fois que vous dites « C'est impossible », votre orgueil vous pousse à échouer… pour prouver votre point. Tout patron habile voit venir cette tactique.

Influencer ouvertement !

Ayant essayé (ou évité !) trois tactiques peu efficaces, il vous reste une stratégie plus habile. Il s'agit ici d'une démarche de responsabilité mutuelle. Traduction : vous assumez *votre* niveau de responsabilité et faites en sorte que le patron assume *le sien*. Ainsi, vous faites la distinction entre autorité et responsabilité.

L'autorité est une *force reconnue* qui se rattache à une position hiérarchique, financière, juridique, etc. Un patron a des pouvoirs et des droits *supérieurs* aux vôtres. Autrement dit, un patron peut imposer une erreur (s'il se limite à utiliser son autorité), alors qu'un subalterne ne peut pas forcer un supérieur à faire quoi que ce soit. Un très important client peut lui aussi imposer ses conditions à un patron qui se trouve en situation de redevance (en perdant ce client, il risque de faire faillite).

La responsabilité est en quelque sorte une *force morale* qui est assez également répartie auprès de tous les gens qui travaillent dans l'entreprise. Des employés peuvent remplir des fonctions très différentes, mais ils doivent assumer des responsabilités professionnelles, humaines et morales relativement similaires : intégrité, respect, précision, jugement, planification, organisation, franchise, etc.

La stratégie consiste donc à assumer pleinement *votre* responsabilité de superviseur ou de chef d'équipe et d'aider le patron à assumer *sa* responsabilité... au point où il oubliera momentanément le rapport d'autorité hiérarchique. Examinons cette stratégie.

Communiquer en responsabilisant

Avant de recourir à cette stratégie, vous devez avoir déjà maîtrisé quelques compétences en communication. Revoyez les chapitres précédents du livre pour rafraîchir vos connaissances. Souvenez-vous que, dans le cas présent, vous n'avez qu'une seule chance de réussir. La moindre erreur anéantit vos chances de succès. Rappelez-vous la comparaison avec la tranche de pain du milieu dans un club sandwich : une mauvaise prise et tout se déglingue !

Préciser mentalement votre opinion sur le sujet

Il vous suffit probablement de deux secondes pour revoir votre opinion sur la nature de la directive imposée... et sur les conséquences qu'aura votre acceptation de cette requête dangereuse. Assurez-vous que votre opinion ne soit pas fondée sur un préjugé, une appréhension, ou une rancune !

Évaluer rapidement la différence entre les niveaux d'autorité

Il vous suffit d'une demi-seconde pour noter l'écart entre votre supérieur et vous sur le plan de l'autorité. S'agit-il d'un chargé de projet, d'un supérieur immédiat, d'un directeur de service, d'un adjoint à la direction ou de la directrice générale elle-même ? Plus l'écart est grand, plus vous devez être habile !

Énoncer rapidement votre point de vue

Vous avez besoin d'environ 10 à 20 secondes, soit deux ou trois phrases, pour réduire votre énoncé à l'essentiel. N'oubliez pas de conserver une attitude de grande politesse.

Prenons un exemple plus «urgent» que le précédent : un ingénieur expérimenté arrive auprès du superviseur Orlando, encore en période d'essai. Celui-ci a demandé à son équipe de faire un bref arrêt pour effectuer un entretien préventif.

Ingénieur (sur un ton sec) : *Qu'est-ce que tu fais ? On est en période de haute production et un gros client exige des échéances strictes ! On n'est pas pour arrêter sans préavis à tout bout de champ ! On reprend la production et ça presse !*

Orlando (poliment) : *Monsieur, un équipier a noté un bruit sec dans le mécanisme de la machine et j'ai pris la décision de faire une rapide analyse de la situation. J'ai la responsabilité de faire de l'entretien préventif.*

Notez qu'Orlando commence en disant «monsieur». De plus, il se limite à décrire simplement la situation et la marge de manœuvre. Il évite tout débordement émotif. Et il mentionne le mot «responsabilité».

Accepter le point de vue de l'autre

Ayant dit l'essentiel sur sa position, Orlando accepte sans rancune non pas la décision, mais le point de vue de son supérieur. La nuance est importante. S'il accepte la décision, il perd toute possibilité d'influencer l'autre !

Orlando (respectueusement) : *Je comprends qu'en tant qu'ingénieur vous voulez un rendement maximum et je sais que cet arrêt vous paraît non planifié. Vous voulez que la production reprenne rapidement.*

L'ingénieur ne peut percevoir aucune résistance ou hostilité de la part d'Orlando. Parfait !

Lui faire voir les conséquences de sa demande

Le superviseur doit maintenant afficher clairement sa compétence «sur le terrain» et les conséquences de la demande précise de son supérieur. Mais attention ! Il ne s'agit pas de narguer son supérieur. Le superviseur doit rappeler à ce dernier qu'il connaît très bien son travail et que sa décision est réfléchie.

Orlando (toujours avec respect) : *Cette simple vérification va nous permettre de corriger le problème rapidement et d'éviter un bris plus grave qui risque de causer un arrêt complet de la machine. Et ça pourrait durer une heure au plus.*

Encore une fois, l'ingénieur ne perçoit aucune hostilité de la part d'Orlando.

Rappeler au supérieur son niveau de responsabilité

On se trouve maintenant au cœur de la stratégie. Le chef d'équipe joue cartes sur table. Il invite poliment et fermement l'ingénieur à voir les choses au-delà de son seul niveau d'autorité... pour se concentrer sur sa responsabilité.

Orlando (toujours calme) : *Vous êtes ingénieur senior. Alors, si vous me dites de relancer cette machine, je respecterai votre autorité.*

Trois détails à considérer :

1. Orlando utilise le vouvoiement pour parler au supérieur qui, lui, le tutoie rudement. Il souligne ainsi la position hiérarchique de l'ingénieur.

2. Il indique clairement et discrètement la différence entre responsabilité et autorité. Le plus difficile à cette étape, c'est de se taire immédiatement après avoir prononcé la phrase. La fierté suggère d'en rajouter. Le jugement avertit de demeurer calme. Lequel a raison ?

Se taire

Cette partie de la stratégie est très difficile à soutenir. Vous ressentez certainement le désir de vous battre ou de répliquer. Ce faisant, vous forcez votre supérieur à se braquer sur sa position initiale. L'ingénieur peut en toute bonne foi accepter de négocier sur le partage des responsabilités... mais ne peut pas accepter de voir son autorité contestée devant témoins par un chef d'équipe à l'essai ! Mettez-vous à sa place.

En conclusion

Cet exemple vous paraît irréaliste ? Détrompez-vous. Nous avons été témoins de cette situation sur les lieux de travail d'une entreprise industrielle de classe mondiale. Dans la vraie vie, il s'agissait non pas d'un chef d'équipe... mais d'un employé qui n'avait pas encore obtenu son statut de permanent. Sa marge de manœuvre était beaucoup plus étroite que celle d'un chef d'équipe. Voici maintenant la partie manquante de l'histoire vécue.

Ingénieur (devenu plus attentif) : *Ça va prendre combien de temps, cette vérification ?*

Orlando (retenant un sourire) : *Cinq minutes, monsieur, si je continue tout de suite.*

Ingénieur (avec calme) : *D'accord. Mais ne perds pas de temps !*

La relation de travail entre cet employé et cet ingénieur est tout à fait professionnelle ; ils ont créé un équilibre entre l'autorité et la responsabilité. Il suffit ensuite qu'aucun des deux ne se vante d'avoir « contrôlé » la situation.

Retenez que le chef d'équipe n'a jamais tenté de manipuler son supérieur ; il s'est plutôt efforcé de l'influencer. En aidant une personne à réfléchir, on l'influence de manière responsable et responsabilisante. Si vous n'êtes pas convaincu de cela, relisez l'introduction de ce livre ou lisez le chapitre 19 « Esquiver des propos manipulateurs ».

Encaisser un échec

Je déteste échouer ; ça me rend malade !

*Comment garder le respect des autres
après avoir commis une telle gaffe ?*

Si je comprends pourquoi je me suis trompé, je me suis amélioré.

Quand un menuisier d'expérience constate qu'un clou plie dangereusement, il ne conclut pas à son incompétence. Il se sert d'un arrache-clou pour recommencer à neuf. S'il en est rendu à faire plier un troisième clou d'affilée, il examine très attentivement la planche sur laquelle il travaille. C'est seulement en troisième lieu qu'il se pose des questions sur son habileté à clouer.

Pourquoi ressentez-vous de la culpabilité quand une de vos décisions ou actions ne donne pas le résultat visé ? Pourquoi craignez-vous que vos coéquipiers vous jugent fautif ? Depuis quand pensez-vous que les autres s'attendent à la perfection de votre part ? Vos coéquipiers et vos patrons s'attendent simplement à ce que vous fassiez tout ce qui est possible. Pourtant, il est difficile de composer avec un échec, surtout quand on est frais promu à son poste !

Un exemple d'échec... qui laisse songeur.

La livraison des produits essentiels à la bonne marche de vos opérations est en retard. L'équipe ressent la pression, car le travail devrait commencer dans les minutes qui viennent.

Vous (en souriant) : *Restons calmes, la situation n'est pas encore irrécupérable !*

Équipière (inquiète) : *Facile à dire, c'est pas toi qui fais le gros du travail !*

Vous (compréhensif) : *Je le répète, on est débrouillards et on trouvera une solution à ce problème.*

Équipier (pessimiste) : *Donc, tu confirmes qu'on est en mauvaise posture !*

Vous (surpris) : *Le fond de ma pensée, c'est qu'on est compétents.*

Gestionnaire (qui arrive en courant) : *Cessez vos discussions ! Le camion du fournisseur a eu un accident et tout est retardé de trois heures !*

Deux questions :

1. L'équipe se trouve-t-elle dans une situation d'échec ?

2. Si vous pensez que oui... quelle est la différence entre un contexte, une contrainte et un échec ?

Clarifier sa perception des sortes d'échecs

Dans des situations très difficiles, beaucoup d'entre nous ont tendance à sauter aux conclusions pessimistes. Non pas parce que nous sommes des incompétents. Non pas parce que nous sommes rongés par la culpabilité. Non pas parce que nous voulons être parfaits. Alors, pourquoi ? Fermez ce livre et réfléchissez 10 secondes.

Merci d'être revenu ! Cela prouve que vous aimez réfléchir et que votre curiosité est plus forte que votre orgueil. Bienvenu parmi les meilleurs.

Un contexte

Tout travail est réalisé dans des conditions normales (ou presque normales) durant l'année. L'ensemble de ces conditions forme le « contexte » du travail. Ce contexte peut être simple (artisans qui produisent un seul modèle de table) ou très complexe (une grande entreprise qui fait face à la concurrence internationale et qui doit composer avec une avalanche de réglementations).

Un exemple de « contexte ».

On vous convoque à une rencontre de planification. Deux gestionnaires visiblement nerveux et mal à l'aise vous accueillent assez froidement.

Le patron (calme et sévère) : *On a ici un rapport de qualité qui indique que plus de 30 % de la production de votre équipe n'est pas conforme aux nouvelles normes.*

Son adjoint (renchérissant, agacé) : *Nous avons dépensé une fortune pour moderniser l'entreprise en un temps record, et ton équipe travaille encore comme des amateurs !*

Le chef d'équipe (très calme) : *C'est vrai. Mon équipe travaille avec une procédure incomplète, comme toutes les entreprises touchées par la nouvelle norme. Dès que le nouveau manuel de procédure sera disponible, on performera parmi les meilleurs. Ça fait partie du contexte de changement.*

Deux questions simples :

1. Le patron et son adjoint sont-ils vraiment en mesure de blâmer le chef d'équipe ?

2. Avez-vous senti un sourire se dessiner sur votre visage en lisant la réplique du chef d'équipe ?

Le contexte de travail rend souvent probables certains échecs, sans qu'une personne ou un groupe de personnes soient *fautifs* ou même *responsables*. On peut dire, dans ce cas-ci, que les employés et gestionnaires sont *témoins* de l'échec. Voici quelques éléments qui forment un *contexte* :

1. Les lois et la réglementation (internationale, nationale, provinciale, municipale).

2. La modernité des équipements ainsi que l'état de la machinerie et des outils de travail.

3. Le niveau de professionnalisme et de formation des employés ou des gestionnaires.

4. L'état financier et la structure administrative de l'entreprise.

5. La situation économique du pays.

Bref, le contexte, c'est plus fort que vous, plus fort que votre entreprise ! Ces forces peuvent provoquer des échecs où personne n'est à blâmer.

Une contrainte

Simplifions les choses : une contrainte est un élément particulier d'un contexte, qui change pour des raisons internes. Cela signifie que si une nouvelle réglementation environnementale municipale change, on entre dans un nouveau contexte de travail. Mais si personne à l'interne n'est en mesure d'appliquer convenablement ce nouveau règlement, cela devient une contrainte... et une grosse contrainte. Un emmerdement majeur.

Un contexte touche l'ensemble des entreprises, alors qu'une contrainte touche votre entreprise ou votre secteur de façon plus particulière. Dans le premier cas, personne ne peut être directement et individuellement « responsable ». Dans le second, on peut parier que quelques personnes sont responsables.

Poursuivons le premier exemple.

La rencontre de planification s'étire. La réponse du chef d'équipe a incité vos patrons à bien réfléchir.

Le patron (poli, mais ferme) : *D'accord, tout le secteur est touché par cette réglementation. Mais j'ai remis il y a déjà deux jours une copie du manuel de procédure au responsable de la sécurité. Est-ce que tu évites de lui parler ?*

Son adjoint (nerveux) : *Écoutez, je crois que la situation s'éclaircit. Le nouveau babillard informatique interne a été installé lundi. Certaines données ne sont pas encore inscrites. Je crois que les notes de service seront opérationnelles seulement demain...*

Le chef d'équipe (toujours aussi calme) : *Excellent ! Je vais chercher ce manuel tout de suite. Ainsi, on ne sera pas touché par cette contrainte temporaire.*

Deux questions simples :

1. Le patron et son adjoint peuvent-ils tenir le chef d'équipe responsable du problème ?

2. Avez-vous senti un sourire encore plus large se dessiner sur votre visage ?

Un échec

Certains mots attirent tellement notre attention que nous n'arrivons plus à voir « derrière » un terme pour bien comprendre ce qu'il signifie.

Un dernier exemple, toujours portant sur le même cas.

La rencontre de planification prend une tournure plus grave...

Le patron (très ferme) : *D'accord, le logiciel n'était pas à jour, mais toi et le responsable de qualité travaillez à quelques dizaines de pieds l'un de l'autre ! Il est inexcusable que vous ayez travaillé deux jours entiers sans vous parler ! En tant que chef d'équipe, tu devais savoir qu'il est de ta responsabilité de prendre des mesures préventives... surtout dans le contexte et avec les contraintes qu'on subit tous !*

Son adjoint (maintenant très discret), ne dit rien.

Le chef d'équipe (toujours aussi calme) : *Euh... C'est que... Écoutez...*

Une seule question : Pourquoi ce chef d'équipe semble-t-il chercher ses mots... et pourquoi n'en trouve-t-il pas ?

Et vlan ! Un échec est très souvent lié à une personne, ou à un groupe de personnes, assez clairement identifiés. Ne confondons pas un échec et un bris. Un bris est un événement technique qui se produit sans que personne en soit responsable. Et si le bris découle d'une absence d'entretien préventif, direz-vous ? Dans ce cas, il s'agit non plus d'un véritable bris, mais d'une erreur humaine (inattention, insouciance, etc.). Eh oui !

Considérer l'échec sous deux angles

Les superviseurs d'expérience savent examiner les choses avant de sauter à une conclusion. Ils savent voir au-delà des émotions soulevées par certains mots... comme « échec ». Voici deux manières de bien évaluer l'échec.

Un échec qu'on finit par comprendre n'est plus un échec, il se transforme en étape. Quand on met la curiosité et le temps requis pour comprendre ce qui a provoqué son erreur, on évite de la répéter. On devient plus compétent. On transforme l'échec en étape de développement. Une chef d'équipe respectée disait à chaque nouveau stagiaire : « Je peux comprendre si tu fais une erreur de bonne foi, mais pas si tu la répètes ! »

En examinant le contexte et les contraintes qui ont pu vous amener à commettre une erreur, vous devenez de jour en jour plus compétent, plus sage, plus efficace. On ne peut devenir sage sans commettre d'erreurs. Seulement 3 % des superviseurs ont cette chance. Vous faites probablement partie de la majorité.

Refuser de faire face à un échec provoque trois nouveaux échecs plus graves et plus dangereux. Présumons que vous êtes trop orgueilleux pour accepter une erreur de jugement. En refusant d'assumer une erreur, vous la transformez probablement en horreur. Voici trois exemples pour éclairer votre jugement.

1. Vous doutez immédiatement de votre potentiel d'amélioration et de perfectionnement. En hésitant à examiner ce qui a provoqué l'erreur, vous ne saurez pas quelles mesures prendre pour éviter de la commettre une deuxième fois. Pire encore, vous en arriverez rapidement à douter de vous, de votre jugement... et de votre compétence. Voilà comment on fabrique des ulcères d'estomac.

2. Vous incitez graduellement vos coéquipiers à douter de votre jugement et de votre confiance. Peu d'erreurs passent inaperçues aux yeux de vos coéquipiers. Ils constateront d'une fois à l'autre que vous êtes bon superviseur quand tout va bien... mais que vous refusez de voir ce qui va mal. Combien de fois accepteront-ils de couvrir vos petites erreurs et de trouver les solutions à votre place? Si vous êtes une personne très sympathique, ils vous protégeront plus longtemps. Mais leur patience prendra probablement fin de manière brutale... et sans appel.

3. Vous forcez lentement vos patrons à vous remplacer par quelqu'un qui sait mieux apprendre de ses erreurs. Un patron intelligent ne passe pas par-dessus un superviseur ou à côté de lui pour interagir directement avec les coéquipiers. Il tentera de vous aider à mieux démontrer votre leadership. Il vous demandera d'assumer vos succès et vos échecs. S'il n'y parvient pas, il devra trouver un remplaçant. Ne l'obligez pas à vous rétrograder. C'est humiliant pour tout le monde : le superviseur se voit désavoué devant tous, le patron doit encaisser une erreur majeure de promotion, les équipiers perdent confiance envers tous ceux qui sont en situation d'autorité.

Communiquer sa gestion d'une erreur

Vous aurez rarement tout le temps requis pour réfléchir à une erreur ou pour tout comprendre ce qui s'est passé. Tant mieux. À réfléchir trop longtemps sur un sujet, on finit par considérer qu'il est très compliqué et qu'on est le seul qui puisse le régler. Ayez confiance en votre jugement et en celui des autres. Il suffit souvent de consulter les autres pour mieux réfléchir soi-même. Voici une approche qui vous aidera à assumer une erreur. Mieux encore, cette façon de faire transformera une erreur en source de perfectionnement.

1. Assurez-vous que la situation ne découle pas d'un contexte ou d'une contrainte, mais bel et bien d'une erreur humaine ou professionnelle de votre part. Êtes-vous la *cause principale* évidente de l'erreur ? Restez lucide.

2. Acceptez vraiment que vous (ou quelqu'un directement sous vos ordres) avez fait une erreur. Mettez de côté votre amour-propre et faites place à une grande honnêteté. Faites preuve d'une grande curiosité. La curiosité et la culpabilité peuvent rarement être ressenties en même temps. Une erreur, ce n'est pas un péché... à condition que vous n'ayez pas fait exprès ! En recourant à votre curiosité, vous affichez un langage non verbal encourageant pour vos coéquipiers : regard intense, gestes lents, mains frottant le menton, prise de notes, etc. Peu de gens vous empêcheront de chercher la cause d'une erreur s'ils voient que vous la cherchez plus activement qu'eux !

Superviseur (en pensée) : *L'outil était mal calibré... pas par manque d'entretien, ni par manque de temps, ni parce que l'outillage était nouveau. C'est à cause de ma tendance à foncer trop vite que je l'ai utilisé sans vérification.*

---

3. Formulez clairement l'erreur en utilisant des mots simples. Si quelqu'un vous entend, il verra que vous êtes responsable et que vous faites face à la situation. Mieux encore, il saura immédiatement que vous n'êtes pas du genre à blâmer les autres et il vous respectera. Fascinant, n'est-ce pas ?

Superviseur (en examinant à haute voix le travail réalisé et la machine) : *Voyons ça... deux pièces non conformes sur cinq... La même erreur sur chaque pièce défectueuse... Les pièces étaient conformes à l'arrivée... Voyons ça... Le calibrage est en cause... C'est ça, le calibrage ! Bon, c'est ce qui arrive quand on veut gagner cinq secondes au départ : on en perd 20 à l'arrivée !*

Équipier (en pensée) : *Il est correct, celui-là. Il examine les choses plutôt que blâmer les autres.*

---

4. Énoncez immédiatement une première piste de solution ou d'amélioration. Compte tenu qu'une erreur n'est pas un péché, il est inutile de faire une longue pénitence. Il ne sert à rien de vous blâmer ou de vous confondre en excuses. Ce faisant, vous risqueriez de commettre deux gaffes : vous empêtrer dans des émotions négatives et vous empêcher de réfléchir. Gardez donc vos excuses pour les gens et les moments où cela compte vraiment. Identifiez rapidement au moins une piste de solution possible. Une fois cette étape franchie, vous pourrez présenter des excuses qui paraîtront plus sincères. Une excuse trop rapide paraît souvent vide.

Superviseur (sans regarder les autres) : *Bon, la première chose à faire, c'est de rendre nécessaire une vérification quotidienne du calibrage... Je vais voir l'ingénieur responsable pour imaginer une procédure simple.*

(en regardant les autres équipiers) : *Les gars, les filles, je viens de faire une gaffe qui ne se répétera pas ici : autoriser une production sans vérification de calibrage. Je vais négocier avec le patron une façon de réparer la situation. Y a-t-il un message que vous voudriez que j'ajoute ?*

Une équipière : Ouais… dis-lui qu'on est d'accord avec toi pour rendre encore plus systématique le calibrage… ON a failli, nous aussi, faire des erreurs hier !

Superviseur (en pensée) : Parfait ! J'ai la confiance de l'équipe… et un argument de poids !

L'exemple vous semble-t-il exagéré ? Reprenons-le en y faisant intervenir de plates excuses !

Superviseur (visiblement mal à l'aise) : Merde… J'ai fait une maudite gaffe ! C'est de ma faute, les gars. Je ne sais pas ce qui m'a pris, mais je me suis planté en voulant aller trop vite. Je ne sais pas quoi vous dire, sauf que ça me met en maudit une affaire comme ça.

Un équipier (qui craint de perdre du temps) : Nous aussi, nous trouvons tout ça bien dommage. Tout le monde va perdre du temps à cause de ton erreur de jugement. C'est bon de s'excuser, mais ce serait mieux de réparer !

Vous voyez maintenant qu'une excuse passe mieux après un aveu de responsabilité et après un énoncé de solution. Faites-en l'essai. Les occasions ne manquent pas !

5. Faites ou dites quelque chose de motivant pour les gens autour de vous. Vous avez bien géré l'erreur, mais fort probablement que persiste en vous un petit pincement au cœur. Votre amour-propre n'est plus tellement… propre. Alors nettoyez-le et que ça saute !

Il est normal de se sentir triste ou gêné à la suite d'une erreur, particulièrement si l'on en est le seul responsable. Vous avez un choix très simple : laisser fermenter ces sentiments négatifs ou les faire disparaître. Si vous les laissez fermenter dans votre cœur, il sera difficile de vous concentrer sur le travail à faire, et votre distraction causera rapidement une nouvelle erreur. Si vous faites disparaître ces sentiments nuisibles, vous maintenez intacte votre confiance en vous... et améliorez votre réputation de chef d'équipe.

Le truc ne consiste pas à vous re-motiver, mais plutôt à motiver les autres. Le principe est simple : si vous faites plaisir aux équipiers, leurs sourires vous motiveront assez rapidement. Mieux encore, cela contribuera à consolider l'esprit d'équipe. Voici plusieurs façons de remonter rapidement la pente de la confiance en vous.

- **Féliciter** un membre de l'équipe à propos de sa bonne réaction à l'erreur.

- **Remercier** l'équipe pour son attitude professionnelle.

- **Aider** un équipier qui éprouve plus de difficulté à réaliser son travail.

- **Demander conseil** à une équipière d'expérience sur un aspect très précis du travail à faire.

- **Donner une tape dans le dos** à un équipier qui s'est montré plus calme que d'habitude en situation de problème ou d'erreur.

- **Offrir un petit cadeau** à l'équipe dans les minutes ou les heures qui suivent. Le cadeau peut être très modeste, car c'est le geste qui compte.

- **Obtenir un « petit quelque chose »** de la part d'un gestionnaire ou d'un cadre directement concerné par la solution. Vous gagnez à négocier quelque chose de simple. Évitez à tout prix de rendre prévisible ce type de gratification. Il perdrait tout son effet. Il deviendrait un « droit acquis », donc une source de friction !

- **Donner un coup de fil** à une personne que vous aimez, de préférence une personne qui possède une boîte vocale (cela garantit que vous ne prendrez que quelques secondes !). Laissez-lui un mot gentil n'ayant aucun lien avec votre travail. Pourquoi ? Parce que, dans votre état, vous avez besoin d'un contact humain valorisant et que votre appel fera un grand plaisir à une personne aimée, que ce soit votre fils, votre nièce, votre conjoint, etc. Si vous ne pouvez accéder à un appareil téléphonique, utilisez le télécopieur ou le courriel. Encore impossible d'y recourir ? Voici une autre solution : écrivez-lui un bref message sur une carte postale. L'effet sera aussi grand... peut-être davantage, parce que vous savez que votre message optimiste vivra quelques jours, le temps de parvenir à destination. Vous serez peut-être sur place pour voir l'autre lire la missive.

- **Penser intensément mais brièvement à un plaisir** que vous ferez à une personne aimée dès votre retour à la maison. Vous avez de l'imagination, alors pensez à plusieurs choses possibles. Il y aura peut-être de la visite à la maison et vous ne pourrez pas réaliser votre première idée !

Les superviseurs vétérans savent que même les champions sont imparfaits. Ce qui les distingue des moins bons, c'est qu'ils commettent moins d'erreurs que les autres. Eh oui ! Les erreurs font partie de la vie au travail. Un chef habile n'essaie pas de les ignorer ni de les nier. Il apprend à les gérer, à s'en servir. Plusieurs des techniques proposées ont été suggérées par des superviseurs d'expérience.

Chapitre 16

Composer avec une personne agressive

Arrête de gueuler, tu m'énerves !

Je fais ce que je peux.
Tu devrais être plus compréhensif et plus patient.

Parle poliment et je t'écouterai avec attention.

Vous gagnez à manipuler avec doigté une torche à acétylène pour décaper un meuble, sinon vous brûlez le bois et c'est ensuite très long et parfois très coûteux de réparer les dégâts. Mais si vous prenez les précautions nécessaires, vous obtenez de bons résultats plus rapidement qu'avec du décapant.

Lorsque vous composez avec un « agresseur », vous faites face à une sorte de « torche » verbale. Allez-y avec soin, sinon vous risquez de mettre le feu... et vous voilà transformé en pompier !

L'employé agressif est en position de combat perpétuel. Quoi que vous fassiez, la lutte est toujours présente ou imminente... même quand vous lui donnez raison. Il préfère le combat à la victoire ! Si vous appréciez une bonne bagarre, vous aurez tendance à confronter l'autre et vous dépenserez votre énergie combative dans une lutte qui n'est peut-être pas nécessaire. Demandez-vous dans ces cas : est-ce le genre de combat que je veux vraiment gagner ?

Georges, superviseur au tempérament « soupe au lait », est apostrophé à son arrivée au travail par Michel, coéquipier bagarreur.

Michel : *Hé, boss, t'as ben l'air bête à matin !*

Georges : *Pas plus bête que toi !*

Michel : *Prends pas ça de même, on peut jamais rien te dire, tu pognes toujours les nerfs.*

Georges : *Laisse-moi tranquille ou je colle une note à ton dossier pour impolitesse envers un supérieur !*

Clarifier votre position de « combattant »

Comment réagissez-vous habituellement lorsque vous êtes attaqué ? Réagissez-vous rapidement et violemment pour mettre votre adversaire K.-O. et lui montrer que vous êtes le plus fort ? Essayez-vous de raisonner votre adversaire en lui donnant des preuves ou des arguments réalistes en pensant qu'ils le calmeront ? Fuyez-vous à toutes jambes pour que votre adversaire ne puisse vous rattraper ? Vous cachez-vous dans votre bureau en souhaitant passer inaperçu ? Aucune de ces façons de faire ne vous protège si vous êtes en face d'un véritable coéquipier agresseur. Il saura toujours vous chercher, vous trouver,

vous attaquer... Alors, prenez un certain recul et examinez honnêtement votre façon d'agir (et non de réagir)... pour adopter une stratégie
plus efficace.

Se bagarrer... sainement

Si vous avez atteint le poste que vous occupez maintenant, vous possédez une aptitude naturelle à *débattre* sainement des idées... et non à
combattre les gens. Une bonne bagarre peut vous apporter certaines
satisfactions : sentir que vous avez gagné honnêtement, que vous avez
l'opportunité d'afficher vos capacités ou que vous faites preuve de
courage devant l'adversité. Vos combats (disons plutôt débats) sont
faits dans un climat de saine compétition. Ce qui n'a rien à voir avec
un combat inégal et inutile où un des combattants éprouve un malin
plaisir à écraser son adversaire ! C'est ce que fait l'employé agresseur.
Pourquoi voudriez-vous un pareil combat ?

Foncer... sans écraser

Lorsque vous êtes convaincu du bien-fondé de vos opinions ou de
vos actions, vous essayez de convaincre en utilisant des arguments
solides et plausibles. Vous êtes un fonceur créatif. Rien à voir avec celui
qui fonce tête baissée sans jeter un coup d'œil où il va et qui arrive la
tête dans un mur ! Si vous tentez d'utiliser cette habileté naturelle avec
un employé agresseur (le raisonner avec des données vérifiables),
croyez-vous un seul instant que vous arriverez à le convaincre et à le
faire battre en retraite ?

Se sauver... habilement, mais où ?

Certaines personnes ont du mal à faire face à toute forme d'agression
verbale, mentale ou physique. Leur respiration devient hésitante, leur
pouls s'accélère. Elles en perdent tous leurs moyens et cherchent un
endroit où se terrer comme un lièvre poursuivi par un chasseur. Le
lièvre réussit parfois à trouver un refuge temporaire... et vous ? Avec
un employé agresseur, aucun endroit n'est vraiment sûr, il saura toujours où vous trouver pour livrer bataille ! Alors, à quoi vous sert la

fuite? L'équipier traduira votre désir de paix comme une preuve de votre incompétence et cela renforcera son attitude combative.

Considérer le « prix » du combat

Avant d'entreprendre une lutte, il vaut mieux calculer vos chances. Non seulement celles que vous avez de gagner, mais surtout les conséquences du combat pour vous-même, pour vos coéquipiers et pour l'agresseur. À moins d'être suicidaire ou masochiste, personne ne se bat s'il est sûr de perdre. Dans vos entretiens avec un employé agresseur, votre réaction a des conséquences directes et réelles sur les liens futurs entre lui et vous, et entre vous et vos coéquipiers.

Affronter a un prix

Vous êtes prêt à affronter l'agresseur et à en finir avec ses tactiques irritantes... une fois pour toutes. Lors d'un entretien, vous vous emportez, haussez le ton et lui clouez le bec avec force et vigueur. Vous croyez l'affaire terminée! L'employé ira raconter cette conversation à ses collègues de travail. Il vous accusera de manquer de calme et de faire preuve d'une agressivité débordante et inutile à son égard. Il ajoutera ou déformera les faits pour se donner une meilleure position devant ses collègues.

Si vous avez procédé à ce règlement de comptes à la demande (formelle ou informelle) de vos coéquipiers, ceux-ci vous remercieront discrètement. Ils écouteront distraitement les propos de l'employé en espérant que c'en est fini cette fois-ci. Mais si vos coéquipiers ne vous ont pas donné « l'autorisation » de sévir, certains vont se rallier derrière l'employé agresseur par crainte d'être eux-mêmes les prochaines victimes de votre colère excessive.

Quand vous donnez un coup de pied au derrière de quelqu'un, vous êtes derrière lui et non devant et... votre crédibilité ne tient que sur un pied! Croyez-vous avoir beaucoup d'influence auprès de ces coéquipiers devenus craintifs? Vous devrez imposer plus souvent vos déci-sions et utiliser votre position d'autorité avec un argument pesant: « C'est moi, le patron. »

Éviter... a aussi un prix

Durant un entretien houleux avec un employé agresseur, vous tentez de le raisonner, de le calmer. Vous justifiez votre position par des arguments et des faits et vous allez même jusqu'à lui donner « un peu » raison. Vous pensez bien faire, croyant que la raison peut suffire! La discussion se termine sans trop de casse et vous croyez l'affaire réglée. L'employé agresseur ira tout raconter à ses collègues. Cette fois, il vous traitera de poule mouillée, dira que vous n'avez pas d'épine dorsale et qu'il suffit simplement de crier pour obtenir ce qu'on veut! Cette perception sera partagée par certains coéquipiers et l'employé agresseur gagnera de nou-veaux appuis. Ces coéquipiers éprouvent peu de respect pour un chef d'équipe tel que vous et votre crédibilité est diminuée. Et vlan!

Communiquer... sans engager le « combat »

Une victoire (ou une solution) honnête et saine est impossible avec un employé agresseur. Les règles généralement appliquées lors de combats loyaux sont inutiles. Vous n'êtes pas sur un tapis en train de livrer un combat pour gagner une médaille d'or aux Jeux olympiques, vous êtes au fond d'une ruelle mal éclairée la nuit! Vous gagnez à appliquer une stratégie de neutralisation.

Préparer le terrain

Avant de décaper avec sa torche à acétylène, l'artisan organise son atelier pour travailler en toute sécurité: accès facile au meuble, dispo-sition organisée du matériel requis, port de gants protecteurs. Faites comme un artisan compétent et préparez-vous physiquement et men-talement à rencontrer un équipier agresseur. Respirez calmement et sans précipitation avant et pendant l'entretien.

Choisissez un endroit neutre et public autre que votre bureau (ou votre poste de travail). L'employé ne doit pas penser que vous accordez trop de poids ou d'importance à cet entretien. Comme vous aurez peut-être un auditoire, vous ferez plus d'efforts pour rester calme et il lui sera ainsi plus difficile de déformer vos propos par la suite. Vous aurez des témoins !

Faire face... sans mettre le feu !

Durant votre entretien, faites des gestes souples et lents. Votre langage non verbal doit laisser transparaître une grande neutralité et aucune agressivité. Parlez peu pour ne pas donner de munitions à votre « agresseur ». Hochez plutôt la tête de droite à gauche presque imperceptiblement. Ne souriez pas, il pourrait interpréter cette petite démonstration comme un geste d'agression. Utilisez les méthodes proposées pour réduire le stress au chapitre 1 « Conserver son calme... ou le retrouver ! ».

Restez centré sur le sujet. Évitez systématiquement le terrain de l'émotivité, vous risquez d'attirer sur vous la flamme de sa torche verbale ! Vous devez rester d'un calme imperturbable. N'essayez jamais de justifier votre point de vue ou de poser des questions d'éclaircissement sur ses états d'âme. Cela ne fait qu'alimenter son agressivité ! Pensez-vous que les arguments économiques d'un père vont calmer un enfant qui hurle et pioche (devant les employés d'un grand magasin de jouets) devant une auto télécommandée à 225 $?

Exigez qu'il vous parle poliment. Vous avez le droit de refuser de discuter s'il ne respecte pas cette consigne. Remettez tout simplement la discussion à plus tard lorsqu'il sera dans de meilleures dispositions. Cela lui permettra de réfléchir. Soyez ferme et, surtout, restez toujours poli. Reprenons le petit entretien précédent en lui enlevant toute émotivité.

Georges applique la stratégie de neutralisation.

Michel : *Hé, boss, t'as ben l'air bête à matin !*

Georges (sur un ton calme, sans agressivité) : *Tu as quelque chose à me demander ?*

Michel : *Pogne pas les nerfs !*

Georges : *Tu me dis **calmement** et **poliment** ce que tu veux, je t'écoute **attentivement**.*

Comme vous le voyez, le superviseur s'efforce de ne laisser aucune prise à l'employé agresseur. Vous trouverez certainement cela très difficile les premières fois que vous mettrez en pratique cette stratégie. L'employé sait exactement comment agir pour vous mettre en colère, c'est ce qu'il aime. Avec un peu d'entraînement, vous y arriverez. Vos coéquipiers apprécieront cette approche et se sentiront soulagés. Vous conserverez votre crédibilité et votre influence auprès de vos autres coéquipiers qui préfèrent des rapports sains et productifs aux attaques gratuites d'un employé frustré et négatif.

Voici un fait vécu raconté par un jeune superviseur à son premier jour de travail. Stéphane commence par saluer chacun de ses coéquipiers qui sont tous plus âgés que lui. Il dit bonjour aux quatre premiers coéquipiers et chacun lui répond poliment et en souriant. Il se présente à Paul, employé récalcitrant.

Stéphane : *Bonjour !*

Paul : *Mange donc...*

Stéphane (d'un ton calme mais décidé) : *Bonjour.*

Paul : *Va donc...*

Stéphane (toujours calme) : *Bonjour.*

Paul (un peu moins agressif) : *Fiche-moi la paix !*

Stéphane (encore poli mais légèrement insistant) : *Bonjour !*

Paul (à court de moyens) : *Bonjour, d'abord !*

Si vous pensez que seul Stéphane est très fier de lui, vous oubliez le plus important : le reste de l'équipe était fière de lui, aussi ! Cette histoire est vraie. Le superviseur a imposé la courtoisie et le respect... d'une façon exemplaire. L'employé n'a plus jamais été agressif à son égard. D'autres collègues moins habiles ont par contre subi les tactiques d'agression de l'employé. On gagne ses combats, rarement ceux des autres.

Souvenez-vous que la communication avec un équipier « agresseur » exige de vous un double contrôle. Un contrôle intellectuel constant et une stabilité émotionnelle fondamentale. Relisez l'introduction ou les chapitres 1 et 4 « Conserver son calme... ou le retrouver ! » et « "Polir" ses propos ». Vous ne pouvez pas composer efficacement avec un agresseur si vous allumez ou attirez vers vous son lance-flammes. Vous devez de plus savoir éteindre vos propres flammèches.

Composer avec un farceur

Celui-là, il m'énerve avec ses farces plates.

C'est comme si elle refusait de prendre quoi que ce soit au sérieux !

Ses farces sont souvent plates, mais elles aident souvent à dédramatiser la situation.

Vous êtes pressé d'ouvrir votre tiroir pour en ressortir rapidement un outil, mais le tiroir refuse de glisser : il déraille et il bloque au mauvais moment. Vous donnez un dernier coup sec. Le foutu tiroir s'ouvre complètement et décroche complètement des glissières, semant vos outils sur le plancher ! Il vous a fait suer, ce tiroir, mais il a bien fait rire vos équipiers !

Votre empressement à régler le problème vous ralentit drôlement.

●

Certains membres de l'équipe sont comme un tiroir mal ajusté : ils dérapent à des moments inopportuns. Et quand vous tentez de les raisonner, ils vous reprochent votre manque de compréhension à leur égard. C'est comme si vous aviez un choix doublement perdant : vous perdez patience en écoutant ses farces trop fréquentes ou vous perdez la face devant les autres en laissant faire cet équipier indiscipliné. Le dilemme semble impossible à résoudre. Pire encore, certains farceurs ont du talent. Leurs farces, jeux de mots et répliques sont vraiment drôles. Vous avez de la difficulté à ne pas en rire... et vous devez demander aux autres de cesser de rire !

Un exemple de « déraillement ».

L'entreprise où vous travaillez doit revoir l'ensemble de la procédure de prise de commandes, puisque les stocks sont de plus en plus souvent trop bas. Avec une publicité qui assure une livraison « juste à temps », personne ne peut accepter de retards à cause d'un manque de planification. Vous réunissez votre équipe pour examiner la procédure de travail, particulièrement les avis de « fin de production ». La situation est grave.

La chef d'équipe Joanne (sérieuse) : *Les clients sont trop souvent « en manque », alors il faut voir en quoi nous sommes impliqués.*

L'équipière Sonia (avec son phénoménal sens de l'à-propos) : *Je n'y suis pour rien, moi ! J'suis toujours prête !*

Joanne (impatiente) : *S'il te plaît, un peu de retenue !*

L'équipière Sonia (encore drôle) : *Mon mari ne me demande jamais ça !*

Joanne (impatiente) : *Non, mais tu n'arrêtes jamais ?*

Sonia (toujours vive dans ses répliques) : *Rarement avant mon mari !*

Tout le monde rit.

Joanne (qui a perdu son calme) : *Finies les farces plates à double sens !*

Un autre équipier (offusqué) : *Minute là, la situation est déjà assez grave, faut pas taper sur le monde en plus !*

Trois questions peuvent vous aider à comprendre ce qui s'est passé dans l'équipe.

1. En quoi les répliques de Joanne alimentent-elles les répliques de Sonia ?

2. Pourquoi Sonia s'entête-t-elle à faire des blagues dans une situation visiblement grave ?

3. L'intervention de l'équipier « sauveur » va-t-elle empirer la situation ? (Dites oui !)

Tout superviseur ou chef d'équipe vit souvent ce genre de situation. Pourtant, il y a plusieurs raisons qui expliquent pourquoi ce type de comportement se produit. Par exemple, les situations stressantes ou fatigantes suscitent des états d'excitation qui peuvent conduire à blaguer indûment. Dans ces cas, et précisément parce que le stress est élevé, la plupart des tentatives de « contrôle » tombent à plat.

Clarifier les fonctions de l'humour au travail

Les employés passent une grande partie de leur vie sur les lieux de travail. Comprenons qu'ils y vivront des périodes agréables, des moments difficiles et des situations carrément stressantes. Acceptons aussi que les plaisirs et problèmes de la vie personnelle déteignent sur la vie au travail. Les employés ne laissent pas leurs émotions et leur vie personnelle dans la boîte à gants de leur voiture dans le stationnement de l'entreprise.

L'humour, un processus réactif, récréatif, créatif et curatif

Les blagues, les jeux de mots et les coups pendables peuvent être des techniques d'évasion au moment de situations difficiles à supporter… et devant la monotonie engendrée par certaines tâches.

Un processus réactif. Dans une entreprise, les employés vivent constamment un certain niveau de stress lié à la production, aux normes, aux quantités et aux échéances. Les employés qui travaillent dans les entreprises de services et dans les institutions vivent des contraintes constantes liées aux politiques, aux procédures et aux normes. L'humour est une réaction utile pour faire face à la multitude de petites et grosses surprises parfois peu agréables qui se produisent dans le feu de l'action.

Un processus récréatif. Bon nombre de coéquipiers et de gestionnaires utilisent l'humour comme moyen de prendre des mini-récréations sur les lieux de travail. Les situations stressantes ou même dangereuses ne se manifestent pas souvent à quelques minutes d'une pause prévue. Les gens concernés laissent sortir leur fatigue et leur stress sous la forme de blagues et de coups pendables. L'humour est souvent à cet égard une soupape de sécurité et non un spectacle.

Un processus créatif. On peut être sérieux sans se prendre au sérieux. Bon nombre de gens talentueux utilisent l'humour pour alimenter leur imagination et leur perspicacité. Pensez au pouvoir évocateur des jeux de mots ou des idées découlant de lapsus, par exemple. Un bon superviseur tend à accepter l'humour qui fait appel à l'intelligence ou au jugement, surtout quand il ne vise personne en particulier.

Un processus curatif. Le sens de l'humour souvent à la limite de la confrontation et de l'agression qu'utilisent bien des hommes est l'une des caractéristiques masculines qui déconcerte certaines femmes. Une grande proportion d'hommes (et bon nombre de femmes) ont recours à un humour costaud qui frôle l'insulte. Combien de fois une femme a-t-elle voulu séparer deux gars qui lui paraissaient en pleine bagarre, pour se faire dire : « Hé, Sylvie, on s'amuse ! » Tout est question d'intention et de perception.

Considérer les conséquences de l'absence d'humour

Un isolement potentiellement dangereux

Trop de chefs d'équipe sont mal à l'aise devant l'humour en milieu de travail. D'une part, ils considèrent l'humour comme une chose correcte et même souhaitable. D'autre part, ils savent que l'humour peut détendre et distraire les gens… au point de faciliter les accidents. Il faut savoir user de jugement, afin de ne pas systématiquement condamner l'humour au nom du danger.

L'accroissement de l'agressivité

L'humour et l'agressivité sont parfois des « sœurs jumelles ». Elles ont toutes deux de profondes racines dans la perception et l'interprétation des choses, des comportements, des intentions. Elles sont presque toujours utilisées sans préavis. Elles visent toutes les deux à déstabiliser les gens à qui elles s'adressent et à provoquer une réaction. Enfin, elles ne peuvent trouver de solution immédiate autrement que dans l'action (ou dans l'intervention). Un habile coéquipier colérique camoufle souvent sa colère au cœur d'une blague. Interdire l'humour transforme la colère en une agressivité plus habile et plus subversive.

Une démotivation potentiellement contagieuse

Un coéquipier à qui on demande avec insistance d'être d'humeur égale y mettra un effort attentif. S'il réussit, il en paiera le prix et il vous le fera payer. Comment ? En aplanissant ses émotions, il s'efforce de rabaisser ses « sommets » et de faire semblant de remonter ses « creux ». Donc, une superviseure habile ne demande pas à ses coéquipiers d'être « normaux », mais crée un climat de travail qui permette une certaine marge de manœuvre. Elle favorise l'expression de certaines appréhensions et craintes, certaines blagues et drôleries. Les « tolérances » s'appliquent tout autant aux normes de production qu'aux normes d'interaction. La sérénité est souvent associée au calme et à la quiétude... La motivation implique toujours du mouvement et certains écarts de conduite. Un dernier détail : l'ambiance de travail compte pour beaucoup dans la « fidélité » d'un employé à son entreprise. Et la démotivation, ça déteint.

Communiquer en relativisant les choses

Accepter l'humour et y participer

Certaines formes d'humour sont essentielles à une bonne ambiance de travail. Le truc consiste à canaliser, à orienter et à alimenter l'humour dans l'équipe. Voici quelques trucs connus par des superviseurs d'expérience.

- Ne pas interrompre un coéquipier qui fait une blague, si les conditions de travail le permettent. Personne n'apprécie de se faire « couper le sifflet » au milieu d'une blague qu'elle croit drôle ou importante.

- Rire avec les autres, mais moins fortement et surtout moins longtemps. Un superviseur qui rit plus que les équipiers invite la surenchère de blagues : qui vous fera rire le plus ?

- Sourire brièvement devant quelqu'un qui a joué un tour à un autre, pourvu que le coup ne soit pas méchant ou humiliant, permet de dédramatiser une situation. Tout le monde notera que vous faites preuve de flexibilité et d'empathie.

Ces trucs fonctionnent lorsque vous connaissez à fond le travail à réaliser et, surtout, lorsque vous connaissez et respectez le caractère des équipiers concernés. Vous avez probablement noté que le superviseur doit afficher un « accord » bref et « réduit ». Il ne participe pas activement à l'humour. Un bon coach apprécie les coups de ses équipiers, mais ne tente pas de faire croire que c'est lui qui a compté le but.

Orienter ou réorienter l'humour

Une façon plus habile de composer avec l'humour dans l'équipe consiste à l'accepter si on sait l'orienter vers une idée ou vers une tâche précise. Les chefs d'équipe futés savent que l'humour dégage une énergie forte et positive. Mieux encore, une bonne blague amène les gens à se concentrer intellectuellement. Après tout, un jeu de mots ou une blague tient habituellement à une manière nouvelle et inattendue de voir et d'« expliquer » une idée ou un comportement. Bref, l'humour réunit souvent les perceptions, les émotions et le raisonnement des gens. Voici quelques suggestions qui vous permettent d'orienter l'énergie naturelle de l'humour.

- Resituer le sujet de la blague sur un sujet ou sur un défi de travail.

Reprenons l'exemple dans lequel une équipière prend tout à double sens.

L'équipière Sonia (avec son phénoménal sens de l'à-propos) : *Je n'y suis pour rien, moi ! J'suis toujours prête, comme avec chéri !*

Joanne (calme et concentrée) : *Es-tu **prête** à revoir ta façon de remplir le rapport quotidien ?*

L'équipière Sonia (encore drôle) : *Si Guillaume travaille avec moi, certainement !*

- Ajouter un détail à la blague, afin de lui donner un nouveau sens et une force supplémentaire.

L'équipière Sonia (avec son phénoménal sens de l'à-propos) : *Je n'y suis pour rien, moi ! J'suis toujours prête !*

Joanne (impatiente) : *S'il te plaît, un peu de retenue !*

L'équipière Sonia (encore drôle) : *Mon mari ne me demande jamais ça !*

Joanne (tout à coup sérieuse) : *Et si c'est moi qui le demande ?*

Sonia (hésitante) : *Tu n'es pas mon genre, faudra te contenter de me voir travailler !*

- Faire intervenir une autre personne non concernée sans insister et avec humour.

L'équipière Sonia (avec son phénoménal sens de l'à-propos) : *Je n'y suis pour rien, moi !*
J'suis toujours prête !

Joanne (impatiente) : *S'il te plaît, un peu de retenue !*

L'équipière Sonia (encore drôle) : *Mon mari ne me demande jamais ça !*

Joanne (impatiente) : *Et si c'était ta coéquipière Aline qui te le demandait ?*

Sonia (toujours vive dans ses répliques) : *Ouais… je préfère les gars.*

Neutraliser l'humour négatif

Cette stratégie s'applique surtout lorsqu'un coéquipier fait une blague qui vise à rabaisser ou à attaquer des gens d'un groupe particulier (sexe, race, apparence, orientation sexuelle, etc.). Notons au passage qu'une blague peut viser des gens en particulier… sans pour autant être hostile ou répréhensible. Il est impossible d'appliquer une politique de tolérance zéro à l'humour. Certaines blagues « de gars », « de filles » ou « de gais » sont carrément drôles et sympathiques. Les gens équilibrés savent percevoir la ligne qui sépare un jeu de mots ou une boutade ouvertement amicale d'une insulte à peine voilée. Un superviseur diplomate peut neutraliser une blague qui menace de transgresser la ligne de l'acceptable… en y apportant une nuance qui fait réfléchir.

La chef d'équipe Joanne (sérieuse) : *Les clients sont trop souvent « en manque », alors il faut voir en quoi nous sommes impliqués.*

L'équipière Sonia (avec son phénoménal sens de l'à-propos) : *Je n'y suis pour rien, moi !*
J'suis toujours prête !

Joanne (impatiente) : *S'il te plaît, un peu de retenue !*

L'équipière Sonia (encore drôle) : *Mon mari ne me demande jamais ça !*

Joanne (impassible) : *Et si le mari était un important client et qu'il était nerveux à cause des délais ?*

Sonia (tout à coup songeuse) : *Oups !*

Refuser l'humour inacceptable

Abordons la dernière stratégie, qui s'applique lorsque les gens dépassent vraiment la limite permise. Nous parlons d'attaques mesquines, d'allusions cruelles ou d'attaques personnelles. Un superviseur qui laisse passer de telles attaques ne conservera pas longtemps son autorité morale sur les équipiers.

Le superviseur doit faire deux choses difficiles. Premièrement, il laisse l'employé finir une phrase (et non la blague entière !), pour éviter de le confronter ouvertement et sans préavis. Un équipier assez mesquin pour faire une blague inacceptable sur les lieux de travail contre-attaquera probablement avec la même mesquinerie ! Deuxièmement, il parle de façon exceptionnellement calme et neutre, avec une absence marquée d'expression ou de gestes. Le truc consiste à demeurer très calme et à demander « froidement » une explication technique.

Un exemple s'impose : Marina arrive à un poste de travail où sont réunis sans raison apparente presque tous les équipiers. Une personne de l'équipe est en train de lancer une blague à la fois sexiste et raciste. Marina ne peut pas permettre ce comportement qui peut anéantir l'esprit d'équipe. Elle arrive à temps pour saisir la fin des propos. Deux équipiers rient ouvertement, deux équipières paraissent mal à l'aise.

Marina (calme et neutre) : *Pourquoi penses-tu que je ne la trouve pas drôle ?...*

Alain (fanfaron) : *Parce que tu l'as pas comprise !*

Marina (toujours calme) : *J'ai compris les **paroles**, mais je ne vois pas l'humour.*

Alain (visiblement à court d'arguments) : *Ne prends pas ça de même !*

Marina regarde Alain en silence, puis balaie du regard l'équipe, en insistant un peu plus sur les équipières qui semblaient mal à l'aise devant la blague de mauvais goût.

Trois questions :

1. Avez-vous noté que la superviseure n'a jamais directement affronté le farceur, et qu'elle a aussi évité de porter un jugement sur la blague en question ? Elle a plutôt fait porter tout le poids de son intervention sur le contenu et sur l'intention de la blague.

2. Pensez-vous qu'Alain peut « expliquer » sa blague de manière convaincante ?

3. Marina a-t-elle manipulé Alain ? La réponse se trouve dans le texte qui suit.

Cette stratégie exige de vous un grand sang-froid et une certaine sérénité. Reportez-vous au chapitre 1 « Conserver son calme... ou le retrouver ! » pour perfectionner vos techniques à cet égard. En revenant à Marina, on peut affirmer qu'elle ne manipule aucunement son équipier. Au contraire, elle applique sur lui une influence costaude. Pourquoi ? Elle l'oblige à réfléchir, à expliquer, à raisonner. Quand on amène une personne (gentiment ou fermement) à penser de manière logique, on ne la manipule pas.... on l'aide à devenir responsable.

Composer avec une victime

Écoute, dis-moi carrément ce que tu veux et arrête de pleurnicher.

Tu m'énerves avec tes lamentations, accouche !

J'ai cinq minutes à t'accorder, alors va droit au but, je t'écoute !

L'arrache-clou a une seule fonction : arracher, et ce, avec douceur ou sans ménagement ! Les clous en ressortent parfois en bon état, souvent tordus ou sans tête, peu importe la qualité ou le coût des clous.

L'employé « victime » joue très souvent le rôle du « pauvre clou » sur qui s'est défoulé le marteau et sur qui s'acharne maintenant l'arrache-clou.

Il clame n'avoir rien fait pour mériter ce traitement injuste et cruel. Centré sur lui-même, il interprète constamment les intentions des autres à son égard. Ou bien il accuse les autres de vouloir lui taper dessus sans raison, ou bien il considère qu'on interprète de manière «tordue» ce qu'il fait ou ce qu'il dit. Un vrai clou! Pensez un instant à la variété des clous offerte en quincaillerie; vous voyez bien que vos équipiers ont l'embarras du choix s'ils veulent devenir les «victimes sur qui on tape». Peu de choses sont plus énervantes qu'un clou mal enfoncé qui refuse obstinément de sortir de sa position... qui en perd littéralement la tête? Et qui peut vous faire perdre la vôtre?

Les «victimes» ont développé au cours de leur vie au travail une étrange façon d'interagir avec les gens qu'elles côtoient. Cette façon d'interagir se développe rarement à l'âge adulte; elle prend forme au sein de la famille, dans le carré de sable avec les petits voisins, dans les groupes de jeunes. On note aussi des cas où cette manière d'être se développe après une tragique série d'épreuves. La personne se considère victime des autres, des circonstances et de la vie.

La victime anticipe l'erreur, l'échec et n'assume aucune responsabilité: c'est la faute des autres si ça va mal! Peu importe les solutions que vous proposez, il y a toujours un «oui, mais». Vous choisissez de l'affronter, peine perdue, vous ne ferez que renforcer sa position de victime. Alors, tentez autre chose, soyez créatif! Dans ce chapitre, nous vous suggérons quelques trucs que vous pourrez mettre en pratique pour neutraliser ces fausses victimes.

Germain, coéquipier, accoste Pierrette, superviseure, avec son air habituel de victime.

Germain: *Écoute, je sais que tu es bien occupée mais...*

Pierrette: *Qu'est-ce que tu veux cette fois-ci?*

Germain: *Je sais que je ne suis pas ton seul employé et je comprendrais que tu refuses...*

Pierrette: *Pourquoi penses-tu ça?*

Germain: *Tu vas peut-être trouver que j'en demande pas mal, je ne voudrais pas m'imposer mais...*, et ainsi de suite.

Comme vous voyez, la discussion risque de s'éterniser… et vous savez que Pierrette va « en arracher » ! Qui paraîtra en fin de compte avoir été le moins compétent : la superviseure ou l'équipier ?

═══

Clarifier votre réaction naturelle devant une « victime »

Comment réagissez-vous habituellement devant un coéquipier-victime ? Prenez un peu de recul et examinez le plus honnêtement possible votre réaction. Ce bref examen de conscience vous en apprendra beaucoup… sur vous. Êtes-vous du genre agressif (*si c'était permis, vous le frapperiez*) ou sympathique (*après tout, c'est vrai que la vie n'a pas toujours été facile pour lui*) ? Êtes-vous complaisant (*il faut être gentil avec lui, il fait tellement pitié*) ou indifférent (*laissons-le parler, il va finir par se fatiguer*) ? Êtes-vous plutôt compréhensif (*je vais finir par lui proposer une solution qui lui convienne, il suffit d'être patient*) ? Quelle que soit votre approche, dites-vous que sa réaction est directement liée à la vôtre. Un clou ne se tord pas tout seul !

S'il y a une victime… y a-t-il un coupable ?

Votre tâche de superviseur est toujours importante, parfois complexe. Les rapports avec les coéquipiers ne sont pas toujours aussi satisfaisants que vous le voudriez ! Vous pouvez éprouver un sentiment de culpabilité devant les choses que vous ne pouvez changer ou améliorer. Vous n'êtes pas le seul à prendre des décisions et bien souvent vous assumez et transmettez des décisions et directives qui ne relèvent pas de vous. Essayer de vous justifier peut quelquefois sembler la solution la plus plausible mais rarement face à un coéquipier-victime. À l'usage, cette méthode donne peu souvent les résultats désirés. Plus vous vous justifiez, plus vous mettez en doute le bien-fondé de la décision ou de la directive. Et comme la victime aime bien transformer et tordre les faits, vous risquez de vous « enfoncer » comme un clou dans du bois collant !

Agresseur… ou agressé ?

Vous vous sentez agressé ou irrité par le comportement d'un coéquipier-victime ? C'est normal, dans une certaine mesure. Il s'agit d'une atteinte à votre compétence et à votre jugement. Cependant, si vous laissez les sentiments d'agressivité et d'irritation vous envahir, vous risquez de dire des choses que vous regretterez ensuite ou de faire des gestes peu acceptables. Le coéquipier-victime évalue assez justement votre état d'âme avant d'intervenir. Rappelez-vous qu'il désire obtenir quelque chose de vous en utilisant une tactique de diversion : il essaie de confirmer sa position de victime. C'est lui qui a « raison », les autres sont responsables de son grand malheur ! La colère et l'agressivité ne vous sont d'aucune utilité. Vous aurez peut-être des palpitations ou des serrements au cœur, mais le coéquipier demeurera une victime des événements, et maintenant de votre attitude ! Quand vous utilisez un arrache-clou, vous tenez compte de l'état du clou… mais pas de ses états d'âme !

Agir en humain et non en machine

Comme superviseur efficace, vous essayez de développer des relations les plus harmonieuses possible avec vos coéquipiers. Le mot clé ici n'est pas « harmonieuses », mais « possible » ! Les êtres humains sont fort différents les uns des autres. Vous essayez de combler les besoins de chacun avec le plus de justice et de neutralité possible. Il est parfois difficile d'y arriver, vous n'êtes pas parfait. Cependant, quand vous faites preuve de compassion, de sympathie, de patience ou de compréhension envers certains employés, ils vous en sont reconnaissants. Vous êtes humain ! Cependant, ces sentiments ont peu d'effet pour contrecarrer le comportement d'un coéquipier-victime, qui est foncièrement négatif et qui assume rarement ses responsabilités. Peu importe les sentiments humains que vous démontrerez envers lui, cela ne fera pas changer sa façon d'interagir avec vous.

Considérer la vision du monde de la victime

Le verre à moitié vide… ou à moitié plein

La personne victime perçoit les situations, les gestes, les intentions à travers un filtre négatif. Le verre est toujours à moitié vide… et ce, par la faute des autres qui ont de mauvaises intentions à son égard ! Pour cette personne, la vie est une longue suite de déceptions, ponctuées de quelques brefs moments de répit (quand tout le monde est d'accord avec elle). S'il fait beau aujourd'hui… il a plu hier ou il fera froid demain, juste quand son congé arrive. Si la victime a fait un bon travail… elle ressasse encore ses erreurs de la semaine dernière. Sa déprime est malheureusement contagieuse. Il vaut mieux éviter d'attraper sa maladie, car il est impossible de vous faire vacciner contre cela ! Ses contacts réguliers et constants avec les autres minent leur moral et gobent une grande partie de leurs énergies.

La bagarre… connais pas

Pourquoi se bagarrer pour changer son sort ? Ce genre de personne entreprend rarement une action positive pour changer ou améliorer sa situation. N'oubliez jamais que la « victime » n'est aucunement responsable de son malheur. Ce sont les autres qui lui mettent des bâtons dans les roues, personne ne la comprend ! La preuve : aucune solution suggérée par un collègue ou un supérieur n'est valable ou adaptée à la situation de la victime.

Une façon de faire qui donne des résultats… pour la victime

Les gens qui adoptent une stratégie de victime le font depuis très longtemps. C'est leur façon habituelle et normale d'entretenir des relations avec les autres. L'opinion des autres leur importe peu ; ils sont le centre de leur univers gris foncé. Leur attitude suscite peu de réconfort ou de soutien de la part de leurs collègues et amis. Ils se donnent ainsi raison de se sentir victimes !

Communiquer avec calme et respect

Vous préparer physiquement... pour éviter d'en arracher !

Lorsqu'on se sent agressé, la respiration devient plus saccadée, le regard, plus perçant et le pouls, plus rapide. Dès que vous commencez à ressentir ces symptômes révélateurs, préparez-vous ! Prenez discrètement quelques lentes respirations et abaissez légèrement vos épaules... pour retrouver votre calme. Tout au long de votre entretien avec la victime, restez branché sur votre respiration. Si vous notez une accélération dans votre rythme respiratoire, recommencez discrètement l'exercice. Si vous vous énervez et laissez l'agressivité vous envahir, la victime aura déjà renforcé sa position. Et vous aurez un nouvel ulcère d'estomac !

Garder vos distances... sur ce terrain glissant
pour conserver l'effet de levier

Vous devez éviter la bagarre à tout prix avec la victime (elle cherche une occasion de perdre en raison de votre incompréhension ou de vos « mauvaises » intentions !) Ne vous aventurez surtout pas sur son terrain, vous ne ferez qu'accentuer son sentiment de victime : personne ne la comprend ! Soyez patient et surtout distant ! Les sentiments que vous éprouvez doivent rester bien camouflés pour ne laisser aucune prise à la victime. Utilisez plutôt les « Ah bon ! », « Hum ! » en penchant la tête, si vous croyez que la pression monte. Moins vous parlerez, mieux ce sera !

Imaginez que vous êtes un extraterrestre qui analyse froidement le comportement étrange d'un terrien. Parlez lentement et calmement en mettant l'accent sur certains mots clés. Le coéquipier « victime » doit sentir clairement que vous restez loin de lui... sur le plan des émotions. Reprenons le dialogue du début du chapitre.

Pierrette, superviseure, et Germain, coéquipier « victime ».

Germain : *Écoute, je sais que tu es bien occupée mais...*

Pierrette : *Effectivement !*

Germain : *Je sais que je ne suis pas ton seul employé et je comprendrais que tu refuses...*

Pierrette : *Fais ta demande* **clairement** *et je jugerai.*

Germain : *Tu vas peut-être trouver que j'en demande pas mal, je ne voudrais pas m'imposer mais...*

Pierrette : *Je répète ce que je viens de dire, car je crois (*) que tu n'as peut-être pas écouté. Tu me fais ta demande clairement, sinon je serai peut-être tentée de refuser, à toi de choisir. Parle.*

Une question très pointue :

Pourquoi pensez-vous qu'il y a un astérisque situé immédiatement après le mot « crois » ? Dites-vous que le mot « astérisque » ressemble beaucoup à « à tes risques » ! Pour la réponse, lisez le texte qui suit.

Utiliser des expressions et tournures neutres

Éviter des expressions comme « *je crois, je pense, il me paraît, on dirait* », car ces tournures impliquent une interprétation. Et vous savez maintenant à quel point une victime sait utiliser à son avantage (ou plutôt désavantage !) toute possibilité d'interprétation. Voici une brève liste d'expressions que des superviseurs futés nous ont suggérées.

Tournures subjectives faciles à « interpréter »	Tournures plus neutres, très difficiles à « tordre »
Je crois...	Ce rapport constate...
Je pense...	La conclusion est...
J'estime...	Ce calcul souligne que...
Il semble bien...	Trois indications indiquent que...
Tu sais que...	La procédure exige formellement...

Ces tournures sont trois fois habiles : elles sont claires, elles se rapportent à des procédures ou à des documents connus... et ne contiennent aucun « je » et aucun « tu ». Les victimes aiment dire qu'on les montre du doigt et adorent montrer du doigt les autres. Les superviseurs d'expérience vous diront presque sans exception que les émotions et les sentiments sont toujours présents, dans la vie privée comme au travail. Certaines approches de communication populaires et efficaces dans les relations affectives sont souvent mal adaptées à la réalité des superviseurs (qui ont une fonction de responsabilité et d'autorité). Pensons ici aux intervenants qui suggèrent de parler le plus souvent possible en mode « JE » et en mentionnant à l'autre ses sentiments. Cette façon de communiquer est très correcte dans votre vie de famille, mais très rarement efficace devant un équipier victime, agressif ou farceur !

Restez calme et surtout ferme ! Faisant tout pour attirer la pitié, la victime reste à l'affût de la plus petite démonstration émotive (négative ou positive) de votre part. N'ouvrez surtout pas cette porte ; elle vous claquera sur le nez !

Rester... bien accroché

Les faits sont les éléments les plus solides auxquels s'accrocher ! Restez centré sur eux. Demandez, fermement et avec politesse, des données vérifiables, des opinions fondées. Voici un exemple de cette façon de faire.

Émile va se plaindre à Jacques, son superviseur.

Émile : *Les autres n'arrêtent pas de se plaindre sur mon compte.*

Jacques : *Ah...*

Émile : *Aline dit que je perds du temps et que c'est pour ça qu'elle a du retard.*

Jacques : *Combien de fois as-tu perdu du temps ?*

Émile : *Ben, c'est arrivé quelques fois, mais c'est pas ma faute.*

Jacques : *Je t'ai demandé, combien de fois **exactement** ?*

Émile : *C'est arrivé trois fois cette semaine, mais c'est Aline qui est trop pressée !*

Jacques : *Tu dois respecter les échéances, que comptes-tu faire pour arriver à temps ?*

Comme vous le voyez, Jacques, le superviseur, reste centré sur les faits et n'entre surtout pas dans le jeu des émotions. Son objectif est double : neutraliser la victime et lui faire assumer sa propre responsabilité.

Essayer l'humour... avec doigté

Si vous avez la jovialité facile, essayez un peu d'humour. Vous réduisez ainsi la tension (ce qui est bon pour vous) et vous déstabilisez la victime (ce qui est encore bon pour vous). À une remarque inutilement négative, répondez par une répartie gentiment drôle ; souriez sans rire ! Vous pouvez sûrement y arriver ! Votre colère retombera aussitôt et vous serez en mesure de continuer la discussion dans le calme. Gageons que la victime trouvera votre réponse drôle... elle aussi ! Vous aurez gagné des points. Mais attention, ne tombez pas dans le ridicule ou le cynisme : la victime n'aime pas perdre la face (personne non plus, d'ailleurs) et y puisera une énergie renouvelée !

Esquiver des propos manipulateurs

*Celui-là, il réussit presque sans effort à peser
sur mon « bouton de colère » !*

*Je mets tellement d'énergie à demeurer calme
que j'en tremble presque...*

*Moi aussi, j'ai un bouton « panique »,
mais je sais le débrancher quand il faut !*

Toute bonne bricoleuse exige qu'il y ait un disjoncteur manuel
ou automatique sur un outil de travail important. Ce bouton
« panique » lui permet d'arrêter instantanément une opération
en cours. Il permet aussi de « couper » une pression électrique
qui menace de faire sauter des composantes d'un circuit élec-

trique. Les disjoncteurs manuels sont appréciés par certains experts. D'autres préfèrent les disjoncteurs automatiques qui s'enclenchent tout seuls lorsqu'une surcharge se manifeste. ●

Les superviseurs font souvent face à des surcharges verbales et physiques de la part de coéquipiers. Dans un monde idéal, tout le monde est compétent, poli, productif et respectueux. Gageons que vous travaillez dans une entreprise légèrement imparfaite. Gageons aussi que vous devez souvent composer avec des coéquipiers et des collègues qui ont un comportement ou des propos manipulateurs.

Voici ce qui peut arriver quand vous oubliez d'utiliser votre « disjoncteur » devant des propos manipulateurs.

À la suite d'un bris mineur, une commande urgente risque d'être plus difficile à produire. La superviseure Diane connaît bien les échéances et la capacité de production de son équipe ; elle a confiance que tout finira bien. Elle réunit les membres de son équipe pour les informer de la situation et pour identifier des mesures de rattrapage. Une petite « surcharge » se manifeste chez un travailleur vétéran reconnu pour son caractère bougon.

Équipier Gaétan (sur un ton enfantin) : *C'est ça, elle va nous dire qu'il n'y a rien là et que tous les ti-nanfants vont quand même bien travailler, yé, yé !*

Superviseure Diane (un peu surprise) : *Gaétan, le temps est peu propice à de telles farces...*

Gaétan (outré) : *C'est ça, nous on n'a pas le temps de dédramatiser, mais elle, elle prend le temps de nous planter !*

Diane (impatiente) : *Gaétan, s'il te plaît, un peu de retenue !*

Gaétan (devenu très sensible) : *C'est quoi ton problème, tu n'aimes pas qu'on te dise les choses clairement ?*

Diane (perdant son calme) : *Hé, là ! On se calme tout le monde ! ON est en train de perdre du temps et on va rater la commande !*

Trois questions :

1. Pourquoi la superviseure a-t-elle oublié que Gaétan avait un caractère bougon ?

2. Pourquoi a-t-elle pensé qu'une mise en garde devant tout le monde allait calmer Gaétan ?

3. Comment Gaétan savait-il dès la première réplique de Diane qu'il avait déjà gagné au jeu de la manipulation ?

Ce qui est clair, c'est que la chef d'équipe a oublié d'utiliser à temps son disjoncteur. Maintenant, elle sait que Gaétan s'est joué d'elle devant l'équipe… et que toute l'équipe a pris note que Gaétan a marqué un point.

Clarifier ce que signifie « manipuler »

La seule mention du mot « manipulation » suffit à inquiéter ou à rendre nerveux la plupart des superviseurs. Si vous voulez réduire la force de ce mot, vous gagnez à bien comprendre ce qu'il signifie. Ce n'est pas en ignorant une chose qu'on peut la maîtriser, c'est en l'examinant. Alors, examinons !

Différencier le comportement et la personne

On n'examine pas ici les *personnalités* manipulatrices ; ces personnes sont malades et ne devraient pas être retenues dans le processus d'embauche. On parle ici de comportement et de propos manipulateurs. Vous pensez que la distinction est abstraite ? Écoutez attentivement un enfant qui crie à un ami qui vient de lui faire mal : « Toi, je t'aime, mais j'aime pas ce que tu viens de me faire ! » Tentons de conserver ou de retrouver en nous cette sagesse d'enfant.

Les paroles manipulatrices peuvent être émises par une personne tout à fait normale qui est particulièrement fatiguée, tendue ou nerveuse. Elles peuvent aussi être des blagues très malhabiles ou une forme de défoulement agressif. Un psychologue professionnel peut y voir clair en un clin d'œil. Malheureusement, peu de psychologues sont chefs d'équipe en entreprise.

Un coéquipier qui conteste sournoisement une de vos décisions est peut-être de bonne foi, même si ses paroles sont mesquines ; il a peut-être constaté qu'il est perdant lorsqu'il tente de vous parler ouvertement ! Une coéquipière qui vous demande avec insistance de prendre une décision trop rapide est peut-être sincère, car elle croit que vous possédez l'expérience ou l'information requises. Un patron qui met en doute votre jugement paraît certainement autoritaire, mais il est peut-être soumis depuis des semaines à d'énormes pressions administratives, juridiques et financières.

Reconnaître les caractéristiques de la manipulation

Vous êtes un superviseur d'expérience, un jeune superviseur ou vous avez récemment été promu à ce poste. Vos coéquipiers n'ont pas de « normes variables » selon votre niveau de compétence en communication. Alors, vous devez apprendre à reconnaître les signes majeurs de manipulation.

- Les paroles sont énoncées sur un ton ambigu. Vous arrivez difficilement à déterminer si le coéquipier fait de l'humour, de l'ironie ou du cynisme. Vous vous demandez s'il vous obéit ou s'il vous résiste.

- La phrase contient un mélange instable d'émotion et d'information : « Je sais que tu es assez fin pour comprendre que ce n'est pas trop grave, mon affaire. »

- La phrase exige une réponse urgente mais « impossible » à donner : « Écoute, on peut temporiser comme des amateurs ou tu peux décider ici devant tout le monde qui a raison ! »

- La phrase suggère fortement une « interprétation » de votre part : « Je sais que tu as tendance à voir le côté négatif des gens ; ça fait partie de ta job, mais il faut que tu comprennes... ».

- La phrase paraît provenir d'une « autre personne » : « Il paraît que Jean-Pierre aurait dit à Hélène que l'horaire d'été vient d'être modifié sans consultation ; es-tu d'accord avec ça, toi ? » Ou pire : « Certains disent que tu es incompétent, mais pas moi. »

En fin de compte, une personne qui utilise des paroles manipulatrices désire, consciemment ou non, vous *empêcher de réfléchir convenablement*. Souvenez-vous de cette mise en garde et votre travail de superviseur en sera plus facile.

Considérer vos options

Trois grandes options sont possibles. Deux d'entre elles sont très dangereuses et la troisième est reconnue comme très efficace. Si vous manquez de temps, passez tout de suite à la troisième option.

Confronter

La première option consiste à vouloir « planter » le coéquipier qui tente de vous en passer « une petite vite ». C'est un piège souvent mortel, car un coéquipier dans un mode manipulateur prendra plaisir à se bagarrer. Son principal but est effectivement de faire sauter vos « fusibles » !

Mario : Vas-tu longtemps faire semblant qu'on est capable de reprendre le temps perdu ?

Superviseure Sophie : Si l'équipe y collabore, c'est faisable.

Mario : T'es encore en train de dire que je ne collabore pas assez ?

Superviseure Sophie : Je pense qu'on est enfin d'accord sur quelque chose !

Négocier

La deuxième option consiste à croire que vous pouvez être de bonne foi avec un coéquipier qui ne l'est pas. Le coéquipier n'est pas « méchant », seulement de mauvaise foi. Cela fait de lui un bien mauvais négociateur. Vous voulez sincèrement trouver une solution, mais l'autre n'en désire pas. Car la solution exigerait de lui un effort trop grand.

Mario : Vas-tu longtemps faire semblant qu'on est capables de reprendre le temps perdu ?

Superviseure Sophie : Que veux-tu dire par là ?

Mario : Tu le sais bien, ce que je veux dire !

Superviseure Sophie (perdant son calme) : Sois plus clair, Mario…

Mario (mimant la soumission) : Prends-tu plaisir à t'énerver devant les autres ?

Superviseure Sophie (maintenant en colère) : Ce n'est pas du tout mon genre de m'énerver !

Mario (très large sourire).

Responsabiliser

Cette troisième option vous permet de ramener les choses à un niveau plus raisonnable. Vous tentez ici de « forcer » l'autre à réfléchir. Cela paraît simple en théorie, mais c'est beaucoup plus délicat dans la vraie vie. Avant de présenter cette option, vous gagnez à revoir trois notions données dans ce livre :

1. Comment conserver son calme.

2. Évaluer rapidement les implications de ses paroles ou de ses actions.

3. Aider ou forcer le coéquipier à réfléchir sur ce qu'il dit et à structurer sa pensée.

Présumons que vous avez réussi à développer ces compétences et continuons.

Communiquer en responsabilisant l'autre

La notion de responsabilité personnelle est plus que jamais utile lorsqu'il est question de propos manipulateurs. Une tentative de manipulation exige de vous un grand effort de concentration... sur l'idée de responsabilité. Si vous l'oubliez un instant, le coéquipier qui utilise des paroles manipulatrices gagnera la partie, en privé ou devant le groupe entier.

Poser des questions techniques précises

La meilleure façon de conserver intacts ses circuits consiste à y intégrer des disjoncteurs très sensibles et très efficaces. Démontrez une curiosité sincère et entière. Poussez l'équipier à présenter logiquement son point de vue. Il ne s'agit pas de manipuler à son tour, mais d'exercer une saine influence.

Mario : *Vas-tu longtemps faire semblant qu'on est capables de reprendre le temps perdu ?*

Superviseure Sophie : *Ça fait combien de temps qu'on en parle au juste ?*

Équipier Mario : *Trop !*

Superviseure Sophie (encore calme) : *Et pour gagner du temps, que suggères-tu ?*

Équipier Mario (mimant l'étonnement) : *Qu'on cesse de niaiser !*

Superviseure Sophie (très calme et respectueuse) : *Quel aspect de notre entretien considères-tu le plus productif ?*

Mario : *Euh...*

Répéter calmement votre idée, votre décision

La meilleure façon d'éviter de se retrouver dans une bagarre, c'est de ne pas la provoquer vous-même. Vous évitez d'alimenter une réplique manipulatrice simplement en répétant votre point de vue. Si vous le faites avec simplicité et avec respect, vous verrez l'effet calmant que cela provoque. Cette méthode est difficile, car elle exige de vous une grande capacité à demeurer calme.

Mario : *Vas-tu longtemps faire semblant qu'on est capables de reprendre le temps perdu ?*

Superviseure Sophie (poliment, sans regarder Mario) : *L'échéancier peut être respecté si chaque personne collabore dans son domaine.*

Mario : *Facile à dire, pour un chef qui reste dans son bureau !*

Superviseure Sophie (toujours calme, en regardant toute l'équipe) : *En faisant confiance aux autres, on collabore tous à notre poste.*

Mario (moins confiant) : *Penses-tu sérieusement que c'est aussi simple que ça ?*

Superviseure Sophie (en regardant gentiment Mario) : *Dans ce cas-ci, oui.*

Amener fermement l'autre à imaginer les effets de ses propos

Cette méthode est très délicate, parce qu'elle semble donner toute la place à la personne qui tente de vous manipuler. Utilisez cette tactique seulement quand vous aurez maîtrisé les autres. Ici, une erreur peut vous coûter cher, mais une réussite peut neutraliser le coéquipier de façon définitive.

Mario : *Vas-tu longtemps faire semblant qu'on est capables de reprendre le temps perdu ?*

Superviseure Sophie : *Alors, ta suggestion pour gagner du temps, c'est... ?*

Mario : *C'est pas moi qui suis chef !*

Superviseure Sophie (calme) : *Si on fonce sans vérification, il risque de se passer quoi, d'après toi ?*

Mario (fantasque) : *Comment savoir sans foncer ?*

Superviseure Sophie (maintenant en colère) : *Veux-tu proposer au groupe de foncer ?*

Mario : *Euhhh...*

Garder un lourd silence

Cette méthode n'est pas délicate, elle est franchement dangereuse. Mais elle peut donner des résultats spectaculaires. Seuls les meilleurs superviseurs arrivent à utiliser cette tactique, et pour cause. Elle exige un calme constant, une confiance illimitée et un respect réel. Vous ne faites que respecter un silence complet... en balayant le groupe des yeux. Votre silence prend toute sa force seulement quand il semble tout à fait impossible de garder le silence. Si vous faites de la méditation, vous savez ce que nous voulons dire ici.

Mario : *Vas-tu longtemps faire semblant qu'on est capables de reprendre le temps perdu ?*

Superviseure Sophie (demeure silencieuse, et totalement immobile, regard droit devant elle).

Mario : *Tu m'as écouté au moins, Fifi ?*

Superviseure Sophie (garde le silence, et dépose lentement son crayon).

Mario : *T'es rendue sourde ou quoi ?*

Sophie (respire lentement par le nez et regarde à tour de rôle chaque équipier, pour finir avec Mario).

Mario : *Prends pas ça de même, je faisais juste une blague...*

Sophie (poliment) : *D'accord. Voulez-vous **tous** qu'on reprenne l'entretien ?*

Chacune de ces tactiques prend sa force dans la notion de « responsabilisation ». Vous ne pouvez pas « vaincre » une personne qui tente de vous manipuler. Vous pouvez la neutraliser... Vous devez la « forcer » à réfléchir sainement. Répétez à voix haute : « Quand j'incite une personne à réfléchir, je ne la manipule pas... je l'influence. »

Bibliographie

Voici quelques volumes de référence de lecture assez facile :

La sagesse des enfants, de Cynthia Copeland Lewis, Les Éditions Logiques (un petit chef-d'œuvre de simplicité et de franchise, sous forme de brèves phrases d'enfants ; par exemple : « *Lorsque c'est votre pelle, vous êtes en charge du château de sable.* »).

La synergologie, de Philippe Turchet, Les Éditions de l'homme (des centaines d'images et de brefs textes illustrant de petits gestes qui sont souvent plus précis et plus francs que les paroles).

Travailler avec des personnes difficiles, de Bobbi Linkemer, First Editions (série de trucs pour apprendre à mieux interagir avec certains types de personnes).

Qui a piqué mon fromage ?, de Spencer Johnaon, Éditions Michel Lafond (adaptation au changement abordée de façon originale sous la forme d'un conte où les personnages principaux sont un rat et une souris).

Pourquoi tout va mal, du Dr Laurence J. Peter, Stanké (une suite du classique *Le principe de Peter*, qui explique le manque de qualité... avec un humour décapant).

Le plan de Peter, du Dr Laurence J. Peter, Stock (une suite de *Pourquoi tout va mal*, bourré de suggestions simples et précises qu'on peut appliquer en prenant le temps de réfléchir).

Le leadership, de James J. Cribbin, Éditions de l'homme (trucs et astuces pour devenir un meilleur dirigeant).

L'intelligence émotionnelle au travail, par Hendrie Weisinger, Transcontinental (un livre de base pour les gens qui croient qu'il suffit d'avoir raison pour persuader les autres).

Adieu patron ! Bonjour coach !, par Dennis C. Kinlaw, Transcontinental (on y présente des techniques d'animation et d'engagement, essentielles pour persuader des gestionnaires).

Les manipulateurs sont parmi nous, d'Isabelle Nazare-Aga, Les éditions de l'homme (pour détecter les tactiques de manipulation dans les relations personnelles et pour développer des techniques pour les neutraliser).

Réunions, mode d'emploi, de Michael Doyle et David Strauss, Presses Pocket (un livre plein d'exemples et de trucs intéressants pour rendre vos réunions plus productives).

Comment déléguer efficacement, de Donald H. Weiss, Presses Pocket (petit guide simple pour apprendre à mieux déléguer).

Perdant... gagnant, réussissez vos échecs, de Carole Hyatt et Linda Gottlieb, Les Éditions de l'homme (on y présente des exemples et des trucs pour survivre à un échec et en tirer des leçons).

What to Ask when You Don't Know what to Say, de Sam Deep et Lyle Sussman, Prentice Hall (plus de 550 questions simples et habiles qu'on peut poser dans des situations où il est dangereux de prendre position).

Pour ceux et celles qui veulent approfondir le sujet et qui ne reculent pas devant des lectures assez théoriques:

Artistes, artisans et technocrates dans nos organisations, de Patricia Pitcher, Québec/Amérique (livre fascinant qui donne une vision différente du leadership).

Images de l'organisation, par Gareth Morgan, PUL (livre parfois difficile qui permet de comprendre la perception «par analogies» que les gestionnaires ont de leur entreprise).

Petit traité de manipulation à l'usage des honnêtes gens, de R.-Vincent Joule et J.-Léon Beauvois, Presses Universitaires de Grenoble (lorsqu'on réussit à aller au-delà du titre, livre très intéressant surtout pour les chapitres qui traitent de l'engagement).

Pouvoir, leadership et autorité dans les organisations, de Pierre Collerette, Presses de l'Université du Québec (parfois difficile mais fascinant si l'on veut connaître les stratégies de pouvoir).

Informez-vous de notre liste d'ateliers et de conférences
www.gescomstrategies.com
mchiasson@gescomstrategies.com
lfreve@gescomstrategies.com
1 888 566-2198
ou rendez-vous à :
www.formatout.com